Für Frau
Ursula Schellhorn *)
Ich hoffe, dass Ihnen
die Geschichten gefallen.

    Horst Schmidt

*) die dieses Buch für Grete-Lotte
und Josefine gekauft hat zum

    Weihnachtsfest 2015
    und viel Freude damit wünscht.

OTMAR SCHNURR

Ein Pinguin will fliegen

Zwölf Tiergeschichten
für Kinder
und Erwachsene

Udo Würtenberger
Illustrationen

edition
martin
bruder

Impressum

Gestaltung	Martin Bruder
Lektorat + Satz	Astrid Bujara-Bruder
Fotos Seite 5	Peter Jülg
Druck	Druckhaus Nomos

Erste Ausgabe 2015
© edition martin bruder
Postfach 1149
77876 Kappelrodeck/Baden
buch@edition-martin-bruder.de

Alle Rechte vorbehalten, auch auszugsweise
© Illustrationen: Udo Würtenberger

Holzschnitte: Seiten 9, 11, 17, 27, 47, 51
Linolschnitte: Seiten 31, 35, 57, 61
Holz- und Linolschnitte: Seiten 21, 41
Aquarell: Titel

ISBN 978-3-00-050816-5
Printed in Germany

Inhalt

7   **Ein Pinguin will fliegen**
    Von Lothar, der von Karla und den Möwen gerettet wird

11 **Dulci jubilo, oder: Schnäpschen gefällig?**
    Vom regenbogenbunten Papagei, der reden kann

16 **Im Baumhaar gefangen**
    Von der Katze, die Weihnachten fürchtet

19 **Ein Floh zieht in die Welt**
    Von Willibald, Wunnibald, Zorro und einem Wal

24 **Euphrosynes verknoteter Hals**
    Von der Giraffe, Meister Bär und 25 Honigbroten

29 **Rübesam und seine dreieinhalb Spießgesellen**
    Von einigen, die nicht mehr geliebt werden

34 **Ein Holzwurm bricht aus**
    Von Aeneas, der neue Wege sucht

37 **Ein Elefant trompetet Mozart**
    Von Amadé und seiner Liebe zur Musik

43 **Zwei, drei, vier ziemlich beste Freunde**
    Vom Wolf, dem Labrador, dem Jäger und seiner Dackeldame

50 **Alfons mag sich wieder**
    Vom Großen Ameisenbären und seinem Traum

55 **Goliath geht ins Exil**
    Vom Kirchenmäuserich, der so schön erzählen kann

59 **Wehrt euch endlich!**
    Vom rebellischen Hasen Konstantin, der zur Jagd aufruft

Otmar Schnurr aus Ottenhöfen im Schwarzwald, Diplomtheologe, war fast 40 Jahre als Religionslehrer an Berufsbildenden Schulen tätig. Seit seiner ersten Publikation 1974 „Stossgebete und ebensolche Seufzer" hat er über 20 Bücher geschrieben. An weiteren 30 Büchern hat er mitgearbeitet. Der Autor, der 2011 mit der Staufermedaille für besondere Verdienste ausgezeichnet wurde, verfasst wöchentliche Glossen in Tages- und Wochenzeitungen und tritt regelmäßig im Hörfunk auf. Er schrieb mehrere Theaterstücke, die er auch in Szene setzte. Neben Hochdeutsch beherrscht Otmar Schnurr als „Nepomuk der Bruddler" die alemannische Sprache. Seine Passion sind Liveauftritte, in denen er mit kritischer Distanz Geschichten aus dem Leben erzählt.

Udo Würtenberger wurde in Karlsruhe geboren und war 40 Jahre in Stuttgart und Calw Lehrer und Kunsterzieher. Seit 25 Jahren beschäftigt er sich mit dem Farbholzschnitt. Seine zum Teil großformatigen Arbeiten hat er in zahlreichen Ausstellungen einem breiten Publikum gezeigt. Neben mehrfarbigen Holzschnitten sind auch viele Aquarelle entstanden. In den Anfängen des Buchdrucks wurden die Bücher mit Holzschnitten versehen. Diese alte Tradition greift der Künstler auf und illustriert mit „Ein Pinguin will fliegen" sein drittes Buch mit Farbholzschnitten. Udo Würtenberger lebt und arbeitet in Berlin und betreibt in Moabit eine Galerie, in der er neben eigenen Arbeiten nationale und internationale Künstler ausstellt.

Ein Pinguin will fliegen

Lothar, der Pinguin, redete wie so oft mit sich selber. „Warum bin ich ein Vogel und kann nicht fliegen? Wann haben meine Vorfahren das Fliegen verlernt oder eingestellt?" Er überlegte. „Irgendwann einmal", sagte er zu sich, „werde ich fliegen. Ich werde von der obersten Klippe abheben, werde hoch in den Lüften schweben, über dem Wasser kreisen und dann erst nach vielen Stunden wieder auf den Wellen landen."

Wenn er auf die oberste Klippe hinaufkletterte, konnte Lothar die Welt von oben sehen, den Strand und das Meer. Übrigens: Irgendwo hinaufzuklettern ist für einen Pinguin ein schwieriges Unterfangen, denn so elegant sich Pinguine im Wasser bewegen, so seltsam bewegen sie sich an Land, sie gehen nicht, sie hüpfen. Bergauf zu hüpfen verlangt eine gewaltige Anstrengung. Doch wenn Lothar es geschafft hatte und oben auf der Klippe stand, konnte er nur einen Teil der Welt sehen.

Er wollte aber die ganze Welt sehen. Von oben blickte er hinunter aufs Meer, hinauf zur Sonne und in der Nacht hinauf zum Mond und zu den Sternen. Bis zur Sonne wollte er gar nicht fliegen, auch nicht bis zum Mond und zu den Sternen. Aber irgendwo dazwischen, zwischen Mond und Erde, zwischen Sonne und Erde wollte er schweben.

Die Möwe Karla hatte Angst um Lothar, denn sie wusste nur zu gut, dass er mit allen Mitteln und unter allen Umständen versuchen würde, in die Tat umzusetzen, was er sich vorgenommen hatte. Jeden Tag sah sie ihren

Freund am Ufer entlanghüpfen. Er schlug mit seinen kurzen Flügeln auf und ab, als wollte er das Fliegen erzwingen. Diese Flugübungen sahen recht kurios aus. Man hätte darüber lachen können, wenn es dem kleinen Pinguin nicht so ernst gewesen wäre.

Lothars Eltern sahen die Unternehmungen ihres Sohnes ebenfalls mit Sorge, aber ihre Hauptsorge war, er könnte sich in der Gesellschaft der übrigen Pinguine lächerlich machen. Dass er das Fliegen lernen könnte, das hielten sie für ausgeschlossen, denn niemand kann sich gegen seine Natur verhalten.

Lothar war der Meinung, dass er seine Flügel stärken müsse, dass er trainieren müsse, seine Flügel möglichst schnell zu bewegen, um es dann irgendwann zu wagen, von der obersten Klippe aus hinauf in den Himmel zu schweben. Ihm war nicht klar, dass man mit kurzen Flügeln nicht schweben kann, man kann mit kurzen Flügeln nur flattern.

Karla befürchtete, im Gegensatz zu Lothars Eltern, dass er es eines Tages versuchen würde. Sie sah die drohende Katastrophe, denn der begabten Flugkünstlerin war klar, dass Lothar scheitern würde. Doch was konnte sie dagegen unternehmen? Ausreden konnte sie ihrem Freund das Vorhaben nicht, und überzeugen konnte sie ihn schon gar nicht, das war ihr klar, denn Lothar war ein Sturkopf.

Tag und Nacht behielt Karla ihren Freund im Auge und dachte darüber nach, was sie tun könnte, um die Katastrophe zu verhindern. Nach vielen Stunden des Nachdenkens hatte sie endlich eine Idee für den eventuell eintretenden Notfall.

Es war gut, dass Karla ihren Freund im Auge behielt, denn eines Abends war es offenbar so weit. Die anderen Pinguine hatten bereits ihre Schlafstellung eingenommen. Auch die Möwen machten sich daran, ihre Köpfe ins Gefieder zu stecken, um zu schlafen.

Als Karla sah, dass sich Lothar nach Einbruch der Dunkelheit heimlich auf den Weg machte, um die oberste Klippe zu erhüpfen, weckte sie ihre Mitmöwen auf. Nicht ein einziger Schrei war zu hören, obwohl jetzt keine Möwe mehr schlief. Möwen neigen ja ansonsten dazu, Lärm zu machen.

Alle Möwen waren hellwach, als Lothar oben auf der kleinen ebenen Fläche der Klippe stand. Zur Probe schlug er noch einmal mit den Flügeln, dann nahm er einen kurzen Anlauf, sprang über den Rand der Klippe, um abzuheben und hinauf in die Lüfte zu steigen.

Lothar hatte den Mantel der Dunkelheit gewählt, denn er legte keinen Wert darauf, beim Fliegen gesehen zu werden. Er wollte nicht angeben, er wollte den anderen Pinguinen nicht beweisen, wie toll er war. Er wollte einfach nur fliegen. Wie schon gesagt, Lothar sprang ab. Aber er erhob sich nicht in die Lüfte, auch wenn er wild mit seinen Flügeln schlug, er begann zu stürzen. Ihm wurde schlagartig klar, dass er seinen Flugversuch nicht überleben würde. Er würde unten auf dem Strand aufschlagen und sein Leben verlieren. Lothar verspürte Panik, ein Zurück gab es nicht.

Doch dann geschah das Wunder. Unter den stürzenden Pinguin schob sich lautlos eine weiße Wolke, die ihn sanft auffing. Karla flog in der Wolke von Möwen mit. Die leise weiße Wolke, auf der der Pinguin sich stolz aufrichtete, schwebte hinauf in den Himmel, drehte eine weite Kurve über dem Meer und landete sanft auf den Wellen nahe dem Strand.

Der kleine Pinguin weinte vor Freude. Auch Karla weinte vor Glückseligkeit. „Freundschaft macht Unmögliches möglich", murmelte Lothar vor sich hin. „Sie hat mich, der ich gar nicht fliegen kann, schweben lassen. Freundschaft verhindert, dass man abstürzt, sie rettet und trägt."

Dulci jubilo, oder: Schnäpschen gefällig?

Der alte Mann und der regenbogenbunte Papagei waren seit über zwanzig Jahren ein Paar, ein sehr ungleiches Paar, aber dennoch hatte man den Eindruck, der eine könne ohne den anderen nicht leben. Der alte Mann war früher zur See gefahren, er war Kapitän eines Tankers gewesen und hatte, wie man so sagt, die Meere der Welt befahren.

Nachdem er in Rente gegangen war, hatte er sich im Süden Deutschlands ein kleines Haus gekauft und war dorthin gezogen, er hatte genug vom Meer. In seinem neuen Zuhause lebte er für sich allein, verheiratet war er nie gewesen. Das einzige Lebewesen, das er um sich herum ertragen konnte, war sein Papagei, der fünf Jahre mit ihm zur See gefahren war.

Der Papagei war ein sehr begabtes Tier, was sich aber erst später herausstellte, denn zu Beginn ihres Zusammenseins sprach der grüngelbe Vogel kein einziges Wort.

Eines Abends in der Kajüte – die See war sehr rau, und der Papagei schaukelte auf seiner Stange im Käfig hin und her – hatte er sich zum ersten Mal geäußert, so dass dem Kapitän das Glas mit Cognac fast aus der Hand gefallen wäre. Dieser hatte dem Vogel zugeprostet mit den Worten, mit denen er schon unzählige Male seinem Kajütenmitbewohner zugeprostet hatte: „Prost! Schnäpschen gefällig, mein Geier?" Doch dieses Mal kam nicht das sonst übliche Knurren des Krummschnabels, der Vogel sagte deutlich vernehmbar: „Schnäpschen gefällig!"

Es war aber aus seinem Schnabel keine Frage, sondern klang wie ein Befehl. Dann knurrte er wie ein Hund und fügte hinzu: „Seefahrt tut not!" Auch das war ein Satz, den der Kapitän häufig vor sich hinsagte, wenn er mit sich selbst redete. „Seefahrt tut not!", schrie der Papagei jetzt doppelt so laut wie zuvor und fügte hinzu: „Tut not." Ab diesem Abend wurde der Papagei geradezu redselig.

Zehn Jahre lebte der alte Kapitän nach seinem letzten Landgang in seinem Haus sehr zurückgezogen. Ab und zu kam eine Frau, die ihm die Wohnung sauber hielt und die Wäsche besorgte. Dann wurde er krank. Er zögerte nicht lange, verkaufte sein Haus und zog in ein Heim für betreutes Wohnen, das sich in der Nähe einer Schule befand. Sein Papagei zog mit. Im Sommer saß der alte Kapitän gerne auf seinem kleinen Balkon und blickte hinüber zur Schule. Er hatte einen freien Blick in einige Klassenzimmer und auf den Pausenhof. Wenn er auf dem Balkon saß, stand der Käfig mit dem Papagei auf dem kleinen Balkontisch, und der Papagei sah sehr interessiert dem Treiben in der Schule und auf dem Pausenhof zu.

Das erste, was er täuschend ähnlich nachmachen konnte, war der Pausengong der Schule. Sobald ein Schüler den Pausenhof betrat, imitierte der Papagei diesen Ton. Da im Sommer die Fenster der Klassenzimmer offen standen, waren manche der Lehrer beim Unterrichten nicht nur zu sehen, sondern auch zu hören. Dadurch wurde der Papagei zum Pädagogen. Seine Lieblingssätze waren: „Seid ruhig!" und „Vorne spielt die Musik!"

Lange wohnte der Kapitän nicht in dem Heim für Senioren. Völlig unerwartet starb er in einer Nacht im Spätherbst an Herzversagen. Als man ihn am Morgen tot auffand, machte man das, was man in diesem Heim immer tat, wenn ein Mensch gestorben war: Man öffnete das Fenster, um der Seele des Verstorbenen die Freiheit zu geben. Diese Gelegenheit nutzte der Papagei, der in dieser Nacht auf der Stange am Kopfende des Bettes gesessen hatte, und nahm ebenfalls den Weg in die Freiheit.

Es verging ein halber Tag, bis man schließlich feststellte, dass der Papagei weg war. Man suchte den Park ab, aber man fand ihn nicht. Drei Tage lang war er nirgends zu finden. Dann am Morgen des vierten Tages saß er auf dem großen Baum, der zwischen der Schule und dem Heim stand.

Als Erster hatte ihn ein Schüler vom Klassenzimmer aus gesehen. Kurz darauf hingen die Schüler dieser Klasse in den Fenstern und versuchten, den Vogel anzulocken. Der saß auf seinem Ast und wiegte den Kopf hin und her, es war eine Art Kopfschütteln in Zeitlupe. Die Schüler erschraken,

als der Papagei plötzlich laut rief: „Seid ruhig!" Unter den Lehrern schloss man Wetten ab, wie lange der Papagei seine Freiheit genießen könnte. Weihnachten werde er wohl nicht überleben, meinten die meisten.

Die Blätter des großen Baumes färbten sich, dann fielen sie nach und nach ab. Der Papagei lebte immer noch. Der Baum war der Ort, an den er immer wieder zurückkehrte. Hungern musste er nicht, denn die Schüler sorgten für ihn. Einige entwickelten sich zu ausgesprochenen Spezialisten, was die Ernährung von Papageien anging. Sie liebten den „Grünen", wie er mittlerweile genannt wurde.

Aber jeder Versuch, ihn einzufangen, scheiterte, obwohl er sich manchmal dem Pausenhof näherte und auf einem der Pfosten des Zaunes, der das Schulgelände vom Gelände des Heimes trennte, niederließ, als wollte er in der Nähe der Menschen sein.

In der Schule begannen einige Klassen, sich auf eine Weihnachtsfeier vorzubereiten. Der Musiklehrer übte mit musikalisch und schauspielerisch besonders begabten Schülerinnen und Schülern ein Krippenspiel ein. Die Fenster der Schule waren zwar zu dieser Jahreszeit zumeist geschlossen, aber ab und zu wurde eines gekippt, so dass man im Freien hören konnte, was drinnen gesungen und gesprochen wurde.

Der Papagei hörte gut zu. Seine Reden wurden immer weihnachtlicher. Wenn er in der großen Pause auf dem Pfosten des Gartenzaunes saß und der Gong die Schüler zurück in den Unterricht beorderte, rief er: „Dornwald ging" oder: „Wurzel zart". Dieses „Wurzel zart" schien er besonders zu mögen, denn da gab es zwei Mal den Buchstaben „r", den man so schön rollen konnte. Manchmal begann er laut zu schnarren und schrie dann triumphierend: „Dulci jubilo".

Mitte Dezember begann es zu schneien. Eines Morgens, als es nach der ersten Schulstunde draußen hell wurde, sahen die Schüler ihren Papagei reglos auf dem Ast seines Baumes sitzen, er trug eine weiße Mütze aus Schnee. Die Jungen und Mädchen stürmten zu den Fenstern, rissen sie auf und begannen, laut zu rufen, denn sie fürchteten, ihr Wundervogel könnte im Schlaf erfrieren. Als der Papagei den Lärm hörte, legte er den Kopf zur Seite, die weiße Mütze fiel ihm vom Kopf, dann schlug er mit seinen Flügeln, rief: „Wurzel zart", schüttelte sich und stieß fast wütend die Worte hervor: „Dulci jubilo".

Je kälter es draußen wurde, umso mehr machten sich die Schüler Sorgen um ein Wesen, das sehr allein und in der freien Natur gefährdet war.

Gerade die Zeit um Weihnachten ist ja die Zeit der Liebe, wie man überall hören und lesen kann. Am Nachmittag des Heiligen Abends kamen nicht wenige Schülerinnen und Schüler, manche in Begleitung ihrer Eltern, und verteilten auf dem Schulgelände Leckereien für ihren geliebten „Grünen", der auf seinem Ast saß und das Tun derer, die sich um ihn sorgten, mit munteren Reden begleitete. „Fröhliche, selige", rief er immer wieder, aber auch „O wie lacht".

Als die Dunkelheit hereinbrach, gingen auch die letzten nach Hause, es war mit einem Male so dunkel, dass man den Papagei in den Zweigen nicht mehr erkennen konnte. Wind war aufgekommen, die Äste des Baumes begannen, sich im Wind zu wiegen. „Dulci jubilo" klang es fast zornig durch die Nacht, dann schien sich der Papagei auf dem schwankenden Ast an seine Zeit als Seefahrer zu erinnern, denn er schrie mit aller Macht: „Seefahrt tut not! Tut not" In der Nacht schneite es stark. Am anderen Morgen war vom „Grünen" weit und breit nichts zu sehen. Man hatte allen Grund, das Schlimmste anzunehmen.

Am ersten Weihnachtstag schloss der Rektor die Tür zur Schule auf. Er wollte etwas aus seinem Büro holen, das er vergessen hatte. Als er die Pausenhalle betrat, hörte er jemanden reden, er sah aber niemanden. Dann ging sein Blick zur schönen großen Krippe, die eine freiwillige Arbeitsgemeinschaft von Schülerinnen und Schülern mit einem der Werklehrer gebaut und aufgestellt hatte.

Auf dem Felsen neben dem Stall saß der Papagei und redete mit dem Jesuskind. „Schnäpschen gefällig?", fragte er immer wieder. Dem Jesuskind schien der Vogel zu gefallen, es lächelte.

Im Baumhaar gefangen

Jetzt ist die schlimme Zeit wieder angebrochen, in der es mit meiner Ruhe zu Ende ist. Heute hat man mich schon dreimal vor die Tür gesetzt. Ausgerechnet immer in dieser Zeit, wenn es draußen ungemütlich ist, wird es auch in der Wohnung trist. Es ist die Zeit, in der so weißes Zeug im Hof und im Garten liegt. Die Menschen nennen es Schnee, es macht die Füße nass und kalt. In der Wohnung wäre es schon gemütlich. Aber jetzt ist im Wohnzimmer, wo ich normalerweise auf dem Sofa liege, alles umgeräumt. Es sind viele neue Dinge da, mit denen man sich beschäftigen kann. Sogar ein leibhaftiges Bäumchen steht hier.

Aber alles, was Spaß macht, ist in dieser Zeit verboten. Gestern Nachmittag habe ich mit so runden Dingern gespielt, die am Baum hängen und glänzen. Eines ist heruntergefallen, und schon saß ich vor der Tür. Die Kinder haben mich wieder in die Wohnung hereingelassen. Dann habe ich mich unter den Baum gelegt, auf schönes Moos, das sehr angenehm zum Liegen war. Als ich mich zurechtlegte, habe ich in einem Häuschen, das auch unter dem Baum stand, ein paar kleine Figuren umgeworfen, die Menschen und Schafen ähnlich sahen, aber viel kleiner waren. Das Ergebnis war, dass ich mich abermals vor der Tür wiederfand.

Vorhin stand auf dem Tisch im Wohnzimmer ein großes rundes Gefäß, in dem etwas zu fressen war. Ich habe davon probiert. Es war zwar nicht ganz mein Geschmack, weil ich Süßes nicht so gerne mag, aber probieren kann man ja mal. Doch das scheint auch wieder falsch gewesen zu sein, denn die Hausfrau, die ins Zimmer kam, stieß einen spitzen Schrei aus, so dass ich vor Schreck das Gefäß vom Tisch warf. Kurz darauf saß ich

wieder vor der Haustür, und die Frau rief mir Drohungen und Verwünschungen nach. Heute Morgen hatte mich der Mann rausgeworfen, nur weil ich meine Krallen an einem eckigen Gegenstand gewetzt habe, den die Menschen Päckchen oder so nennen. Dabei hat es sehr viel Spaß gemacht. Außerdem hat es so schön geklirrt, als dieser Gegenstand vom Tisch fiel. Die Menschen sollen doch Dinge, die nicht hinunterfallen dürfen, auf den Boden stellen, dann passiert das nicht.

Mit Schrecken erinnere ich mich daran, was das letzte Mal los war, als diese schlimme Zeit ausgebrochen war. Da stand auch ein Baum im Zimmer. An dem hingen diese runden glänzenden Dinger. Die Äste hatten so etwas wie Haare, die herunterhingen und ebenfalls glänzten, wenn das Licht im Zimmer eingeschaltet war.

Ich spielte mit dem Baum und hakelte nach dem Baumhaar, das die Menschen auch Lametta nennen. Dabei geriet ich mit meiner rechten Vorderpfote in ein ganzes Knäuel von Haaren. So sehr ich auch zog, ich bekam meine Pfote nicht frei. Das Haar ging dem Baum nicht aus. Von draußen hörte ich Schritte, die sich dem Zimmer näherten. Da ich befürchtete, ins Freie befördert zu werden, wenn man mich beim Spielen mit dem Baum erwischte, zog ich mit aller Macht, um mich zu befreien.

Da neigte sich der Baum plötzlich zur Seite, im letzten Moment konnte ich mich losreißen und mich vor dem fallenden Baum in Sicherheit bringen. Ich sprang aufs Sofa und legte mich sofort in Schlafposition, denn wenn herausgekommen wäre, dass ich den Baum zu Fall gebracht hatte – wer weiß, was dann passiert wäre.

Die Hausfrau öffnete die Zimmertür, sie schrie nicht, sie blickte sprachlos. Dann sah sie zu mir herüber, was ich aus den Augenschlitzen heraus sah. Sie kam auf mich zu, packte mich wortlos und warf mich hinaus, und zwar zum Fenster. Allerdings ist die Wohnung ebenerdig, so dass ich nicht tief fiel. Drei Tage und Nächte durfte ich anschließend nicht mehr ins Haus.

Als ich vor dem Haus im Schnee stand, wurde mir klar, warum ich als Übeltäter entlarvt worden war. An meiner Vorderpfote hing noch ein ganzes Büschel Baumhaar. Ich bin heilfroh, wenn diese eigenartige Zeit wieder vorbei ist, in der die Menschen einen Baum in die Wohnung stellen. Für mich ist dies ist nämlich eine fürchterliche Zeit.

Diese Geschichte empfand der Autor seiner Katze nach, die Weihnachten so gar nicht zu mögen scheint.

Ein Floh zieht in die Welt

Nicht jede Flohfamilie wohnte in solch einer Luxuswohnung. Zum Beispiel lebte Onkel Hieronymus, der Wasserfloh, an einem kleinen sumpfigen See und war ständig auf der Flucht vor Fröschen. Willibald und seine Eltern lebten dagegen in einem Ohrensessel, der im Arbeitszimmer des berühmten Professors Anselmus Labsal stand. Seit einigen Jahren war dieser im Ruhestand. Er reiste nicht mehr durch die Welt, um Gesteine und Erdschichten zu untersuchen, sondern war meistens in seiner Wohnung im ersten Stock eines schönen Hauses, las in alten Büchern und beschrieb mit seinem alten Füllfederhalter viele weiße Blätter, aus denen dann Bücher entstanden.

Die Flohfamilie lebte glücklich und zufrieden im Ohrensessel. Nur an einem Tag in der Woche ging es recht turbulent zu. Da kam Frau Wedel und sorgte für Sauberkeit und Ordnung. Auch den großen Ohrensessel nahm sie sich immer vor, so dass die Flohfamilie für einige Zeit aus ihrer Behausung flüchten musste, wollte sie sich nicht in Lebensgefahr begeben. Kam sie am Abend in ihre Luxuswohnung zurück, war durch den Sauberkeitsdrang der guten Frau Wedel alles in totaler Unordnung. Fast zwei Tage brauchte die Familie, um mit vereinten Kräften wieder Ordnung zu schaffen.

An manchen Abenden, wenn es schon dunkel war, kam Professor Labsal noch einmal in sein Arbeitszimmer. Ganz in Gedanken ging er zu dem kleinen Tisch am Fenster mit Blick auf die Straße. Hier stand ein mächtiger Globus. Professor Labsal steckte den Stecker in die Steckdose, und der Globus erstahlte.

Blau leuchteten die Meere, grün das flache Land und braun die Gebirgszüge. In Gedanken versunken, setzte der Professor die faszinierende

Weltkugel mit der Hand in Bewegung. Die Erdteile und Meere glitten vorbei. Die Harmonie der fließenden Farben täuschte über die unterschiedliche Beschaffenheit der Erde hinweg.

An diesen Abenden wagte sich Willibald neugierig aus dem Ohrensessel heraus und hüpfte in großen Sprüngen zur Steckdose, um ganz nahe beim leuchtenden Globus zu sein. Wenn sich der Professor bückte, um nach einiger Zeit den Stecker wieder zu ziehen, sprang Willibald schnell auf den Boden, um nicht zufällig zerquetscht zu werden. Hatte der Hausherr das Zimmer verlassen, sprang Willibald mit einem großen Satz auf den Globus, der noch ganz warm war vom Licht aus seinem Inneren.

Eines Abends – seine Eltern waren gerade nicht zu Hause – begann Willibald einen Plan, der schon lange in ihm gereift war, in die Tat umzusetzen. Die Tür des Arbeitszimmers stand einen Spalt weit offen. Er durchquerte das Zimmer, ging den langen Hausflur entlang und gelangte schließlich zur Wohnungstür. Auf dem Fußabstreifer vor der Tür, das wusste er, lag wie jeden Abend Wunnibald, der struppige schwarze Haushund. Er legte, wenn er dort schlief, die Schnauze zwischen die Pfoten und jammerte manchmal im Schlaf. Seine langen Ohren hatte er am Boden neben sich liegen.

Willibald, der durch das etwas antike Schlüsselloch gekrochen war, sprang mit einem Riesensatz vom Rand des Schlüssellochs ins Fell des Hundes. Dieser hatte ein so dichtes Fell, dass er die Landung gar nicht bemerkte. Willibald kämpfte sich durch das Gestrüpp des Fells nach vorne und kroch in das rechte Ohr des Hundes. Leise sagte Willibald: „Du, Wunni, hör mal zu!"

Wunnibald erschrak so sehr, dass er unwillkürlich die Ohren spitzte. Diese Bewegung hatte eine Katapultwirkung, Willibald flog in hohem Bogen in die Luft, und landete auf der obersten Stufe der Treppe, die in den zweiten Stock führte. Dabei verstauchte er sich das rechte Hinterbein, als er auf der Steinkante auftraf. Er humpelte zu Wunnibald zurück. Als er ganz nahe vor ihm stand, sah ihn der Hund endlich.

„Wer bist denn du? Wo kommst du her?", fragte Wunnibald.

„Ich bin Willibald", sagte der Floh, „Vorhin saß ich in deinem Ohr, aber als du das Ohr gespitzt hast, bin ich in hohem Bogen durch die Luft geflogen."

„Entschuldige bitte, Willi", sagte der Hund, „aber ich bin erschrocken und da habe ich automatisch meine Ohren gespitzt."

„Ist ja gut, Wunni", sagte Willibald. Wunnibald blickte Willibald fragend an und sagte dann: „Was willst du von mir mitten in der Nacht?"

„Ich bin auf dem Weg in die weite Welt", sagte Willibald. „Gehst du mit?"

„Jetzt mitten in der Nacht in die weite Welt?" Wunnibald war verwirrt.

„Ja", sagte Willibald, „wenn wir jetzt gehen, können wir morgen früh schon am Hafen sein und uns auf ein großes Schiff schleichen."

„Wenn du meinst", sagte Wunnibald, „aber ich weiß nicht, ob das richtig ist, was wir da vorhaben."

„Überlass das Denken mir", sagte Willibald.

„Na gut. Als Haushund baucht man auch nicht viel zu denken", sagte Wunnibald, „da bekommt man immer gesagt, was man tun soll."

Die Sonne kroch gerade leicht fröstelnd aus den kühlen Fluten des Meeres, in denen sie geschlafen hatte, als die beiden Weltreisenden am Hafen ankamen. Unterwegs hatte Wunnibald einige Male leise geknurrt, weil er zu Fuß gehen musste, während Willibald sich von ihm tragen ließ. Eine schmale Brücke führte vom Kai hinauf zum Schiff. Wunnibald setzte gerade seine rechte Vorderpfote auf die unterste Holzdiele, als ihm ein Matrose mit einem Prügel entgegenkam. „Pack dich, du räudiger Köter", rief er und holte zum Schlag aus. Zunächst duckte sich Wunnibald kampfbereit, aber dann drehte er sich gewissermaßen auf dem Bauch um und zog mit eingezogenem Schwanz davon.

„Was ist denn los?", fragte Willibald wütend, der von der ganzen Sache nichts mitbekommen hatte. „Warum kehrst du um?"

„Glaubst du, ich lasse mich auch noch verprügeln? Räudiger Köter hat er zu mir gesagt." Wunnibald setzte sich neben einen Abfallcontainer. „Ich habe genug von der Weltreise. Ich bleibe hier. Nicht einen einzigen Schritt mache ich mehr. Ich bin zwar ein Hund, aber kein dummer Hund." Er legte sich auf den Boden. „Mache deine Weltreise alleine. Ich gehe nicht mit. Basta!"

„Feigling", knurrte Willibald. „Bei der ersten Schwierigkeit schon aufgeben. Du bist ein feiger Hund."

„Lieber feige und gesund, als tapfer und verprügelt", war die Antwort.

Willibald glaubte schon, sein Unternehmen aufgeben zu müssen, als aus dem Container eine rot-schwarze Katze herauskroch und neben den beiden auf den Boden sprang. „Wer bist denn du?", fragte Willibald, während Wunnibald stumm und beleidigt vor sich hinblickte.

„Ich bin Zorro, die Schiffskatze."

„Schiffskatze von welchem Schiff?", fragte Willibald neugierig.

„Von dem riesigen Pott da vor uns", sagte Zorro.

Mit Zorros Hilfe gelangte Willibald doch noch auf das Schiff, er wurde gewissermaßen im Fell der Katze eingeschmuggelt. Ein wenig traurig, aber im Grunde erleichtert, blieb Wunnibald im Hafen zurück. Gegen Abend lief das Schiff mit lautem Tuten aus. Willibald hielt sich in einem der Rettungsboote versteckt. Als sie auf hoher See waren, kletterte er heraus und setzte sich auf die Reling. Seit dem Betreten des Schiffes hatte er Zorro nicht mehr gesehen.

Am dritten Abend saß der kleine Floh wieder auf der Reling. War das die weite Welt, all das Wasser? Wasser, soweit er blicken konnte. Er weinte riesige Flohtränen, die ins Meer tropften und es noch salziger machten.

Als neben dem Schiff plötzlich ein großer schwarzer Schatten auftauchte, wäre Willibald vor Schreck fast von der Reling ins Meer gefallen. Es war ein Fisch, ein alter Wal. Dass es so gewaltig große Meeresbewohner gab, hatte er nicht gewusst. Der Wal flüsterte mit dunkler Stimme: „Na, du kleiner Meerverschmutzer! Ich denke schon die ganze Zeit, dass da einer viel weint, denn das Meer wird von Minute zu Minute salziger." Willibald weinte noch heftiger. „Warum weinst du denn, Kleiner?", fragte der Wal und schoss einen riesigen Springbrunnen in den Nachthimmel.

„Weil ich so weit von Mama und Papa weg bin", antwortet Willibald. „Ich bin von zu Hause weggelaufen. Ich wollte die weite Welt kennenlernen. Aber jetzt mag ich nicht mehr. Ich will lieber nach Hause, aber ich weiß nicht, wie. Und das Schiff schwimmt immer weiter von daheim weg."

„Kleiner, hör jetzt auf zu weinen", sagte der Wal gerührt. „Ich werde dich heimbringen."

„Du?", fragte Willibald überrascht.

„Ja, ich. Spring herunter auf meinen Rücken, halte dich an meiner Rückenflosse fest, dann geht´s nach Hause."

Willibald war nun alles egal. Er hatte riesige Angst, vom Schiff auf den Rücken des Wals zu springen, aber seine Angst, auf dem Schiff bleiben zu müssen und Vater und Mutter nie mehr zu sehen, war größer. Einen solchen Sprung hatte er noch nie gemacht. Aber er landete sicher auf dem breiten Rücken des Wals. Er hielt sich an der Rückenflosse fest und ab ging´s.

Nach acht Stunden, es wurde gerade Tag, war Willibald wieder an Land. Der Wal war im Dunkel der Nacht in den Hafen geschwommen und hatte ihn dort abgeladen.

Wunnibald lag immer noch neben dem Abfallcontainer. Er blinzelte der aufgehenden Sonne entgegen. Es war nicht nur Faulheit gewesen, dass er drei Tage im Hafen geblieben war. Er hatte inständig gehofft, Willibald würde bald von seiner Weltreise zurückkehren. Willibald sagte nur einen Satz: „Wunni, komm, lass uns nach Hause gehen, die Welt ist mir zu groß."

Euphrosynes verknoteter Hals

Familie Giraffe wohnte im kleinen Dorf Tierhöfen in einem ehemaligen Feuerwehrturm, in dem früher die Wasserschläuche der örtlichen Feuerwehr zum Trocknen aufgehängt wurden. Die Giraffentochter Euphrosyne war im Flegelalter, und ihre Eltern fanden sie manches Mal unausstehlich.

Besonders eine Eigenschaft gefiel den Eltern ganz und gar nicht: Die kleine Giraffe war sehr neugierig. Statt brav im Hof zu spielen, machte sie sich oft heimlich davon und schlich, ohne dass die Eltern es wussten, durchs Dorf. Sie schaute in jedes Fenster, auch in solche im zweiten und im dritten Stock. Stand eines davon offen, streckte sie ihren langen Hals hindurch, schaute sich in fremden Wohnungen um, und wenn eine Leckerei auf dem Tisch lag, dann konnte sie nicht widerstehen.

Die Eltern hatten diese schlimme Eigenart, die unstillbare Neugier, schon früh bei ihrer Tochter entdeckt und ihr dieses vorwitzige Tun streng verboten. Immer wieder sagte die Mutter warnend: „Eines Tages wirst du noch für deine Neugier bestraft werden. Ein altes Sprichwort sagt: ‚Wer seine Nase überall hineinsteckt, der holt sich eine blutige Nase'."

Die warnenden Worte der Mutter erreichten zwar das Ohr der Tochter, sie drangen aber nicht vor bis zu ihrem Gehirn. Euphrosyne war weiterhin neugierig, sie schaute liebend gern in fremde Wohnungen und fraß von fremden Tischen.

Eines Tages aber geschah etwas Furchtbares. Die kleine Giraffe hatte sich wieder von zu Hause fortgeschlichen. Sie strich durchs Dorf, blickte in die Wohnung der Dobermänner, die gerade beim Kartenspiel saßen, und erkundete die Junggesellenwohnung des Siebenschläfers. Dieser hielt dick eingemummt seinen Winterschlaf, obwohl es schon Frühling wurde. Beim Eckhaus am Marktplatz stand im ersten Stock ein Fenster offen, das zur Wohnung von Meister Bär gehörte. Unten im Haus war seine Werkstatt, in der er als Dorfschmied Petz hart arbeitete.

Die kleine Giraffe hatte das offene Fenster sofort erspäht. Mit schnellen Schritten trippelte sie dorthin. Sie blickte sich vorsichtig um, dann streckte sie den langen Hals durch das Fenster.

Im Wohnzimmer gab es nicht viel zu sehen. Die Giraffe machte ihren langen Hals noch länger und blickte durch die Wohnzimmertür in die Küche. Hier hantierte Meister Bär. Er war dabei, sich zum Mittagessen dicke Honigbrote zu schmieren, denn die aß er für sein Leben gern. Auf dem Küchentisch lagen achtzehn dick beschmierte Brote.

Meister Bär war gerade dabei, die Honigbrote zu zählen: „…fünfzehn, sechzehn, siebzehn, achtzehn."

Er hielt kurz inne, dann sagte er zu sich selber: „Ich habe heute Morgen in der Werkstatt viel gearbeitet, und jetzt habe ich Hunger auf fünfundzwanzig Brote."

Er überlegte einen Moment, denn trotz seines großen Kopfes war er ein schlechter Kopfrechner. „Da muss ich mir noch ungefähr fünf Brote schmieren, schätze ich."

Durch die Wohnzimmertür hatte Euphrosyne alles gesehen und gehört. Plötzlich wurde sie mutig, besser gesagt über-mutig. Als sich Meister Bär umdrehte, um nochmals Brot zu schneiden, streckte sie den Kopf in die Küche und begann, den Honig auf den Broten, die auf dem Tisch lagen, abzuschlecken.

Sie war so sehr in ihr unerlaubtes süßes Tun vertieft, dass sie nicht bemerkte, dass Meister Bär sich umdrehte. Ihm sträubte sich augenblicklich der Pelz. Er musste heftig schlucken. Da ihm in der Vorfreude auf seine Honigbrote schon das Wasser im Munde zusammengelaufen war, verschluckte er sich und bekam einen Hustenanfall. Sein Husten hörte sich an wie Donnergrollen.

Dann griff er, ohne ein Wort zu sagen, nach der zu Tode erschrockenen Giraffe, packte mit seinen starken Tatzen ihren Hals und machte einen festen Knoten hinein.

Dann sagte er mit tiefer Stimme: „Du schleckst mir nie mehr den Honig von meinen Broten." Er setzte sich auf seinen großen Bärenhocker, nahm sein Gesicht in seine haarigen Tatzen und stöhnte tief.

Euphrosyne hatte den Hals aus dem Fenster zurückgezogen. Jetzt stand sie vor dem Haus auf der Straße mit ihrem verknoteten Hals und weinte große Giraffentränen, die auf die Straßen fielen und zwei Pfützen bildeten. Langsam machte sie sich auf den Heimweg, betrat leise schluchzend die Giraffenwohnung des alten Feuerwehrhauses und rief nach ihrer Mutter.

„Mama, bitte hilf mir!" Die Stimme der kleinen Giraffe hörte sich krächzend an, sie war kaum zu verstehen. Die Mutter kam und erstarrte. Dann sagte sie: „Wie ist denn das passiert?"

Euphrosyne erzählte, was geschehen war und flehte die Mutter an: „Bitte, Mama, mach den Knoten auf. Ich werde bestimmt nie mehr neugierig sein."

Die Mutter versuchte, den Knoten zu lösen, doch Meister Bär hatte ihn so fest zugezogen, dass es ihr nicht gelang, den verschlungenen Hals zu entknoten. „Kind, ich schaffe es nicht, wir müssen warten, bis Papa nach Hause kommt", seufzte die Mutter.

Als der Vater endlich kam, versuchten sie es gemeinsam. Es gelang ihnen nicht. Die kleine Giraffe begann wieder zu weinen. „Jetzt muss ich ein Leben lang mit einem verknoteten Hals herumlaufen." Nun begann auch die Mutter zu weinen.

Der Vater schaute stumm vor sich hin, was er immer tat, wenn er nachdachte. Plötzlich sagte er: „So könnte es gehen." Erwartungsvoll schauten ihn Mutter und Tochter an. Dann erklärte er ihnen seinen Plan:

„Meister Bär isst für sein Leben gern dick beschmierte Honigbrote. Unsere Tochter hat ihm den Honig von den Broten geschleckt. Wir werden ein großes Brot kaufen und einen Eimer Honig. Dann besuchen wir Meister Bär und entschuldigen uns für das, was Euphrosyne getan hat. Und wir bitten ihn, den Knoten wieder aufzumachen." Vater ging zur Tür und sagte: „Meister Bär ist sehr gutmütig, habe ich gehört, und ich bin mir sicher, dass er uns verzeihen wird."

Mama, Papa und Kind machten sich auf den Weg, kauften einen gewaltigen Laib Brot und einen großen Eimer Honig. Schwer bepackt gingen sie zum Haus von Meister Bär am Marktplatz. Sie läuteten an der Tür und warteten. Niemand öffnete. Sie läuteten noch einmal. Wieder nichts. Da das Fenster im zweiten Stock offenstand, blickte der Vater durchs Fenster ins Wohnzimmer von Meister Bär. Der Giraffenpapa sagte leise: „Guten Tag, Meister Bär." Es vergingen einige Augenblicke, bis der Bär aufblickte.

„Unsere Tochter hat den Honig von Ihren Broten geschleckt, die Sie sich für Ihr Mittagessen geschmiert hatten", sagte der Giraffenpapa. „Wir sind gekommen, um uns zu entschuldigen und haben einen großen Laib Brot und einen Eimer Honig mitgebracht."

„Das ist für Sie", sagte die Giraffenmama. Ein Lächeln veränderte das Gesicht des bärigen Schmiedes wie die aufgehende Sonne die Erde. Plötzlich sprang er von seinem Hocker auf, nahm mit der einen Tatze das Brot, mit der anderen den Honigeimer und tanzte durch das Zimmer. Dazu sang er mit tiefer Bärenstimme immer wieder: „Honig und Brot machen dem Bären die Wangen rot."

Er beachtete die Giraffenfamilie überhaupt nicht, holte in der Küche ein Messer, schnitt das Brot auf und bestrich die Schreiben dick mit Honig. Ein Stück Brot nach dem anderen aß er auf, bis alles weg war. Staunend betrachtete die Giraffenfamilie den großen Esser. Zuletzt leckte er noch mit seiner rauen Zunge den Honigeimer aus. Dabei waren Töne zu hören, als würde man mit einem Messer über einen Blechteller reiben.

Dann tanzte er wieder durch die Wohnung und sang sein Lied: „Honig und Brot machen dem Bär die Wangen rot. Honig und Brot machen dem Bär die Wangen rot."

Schließlich setzte er sich auf seinen Hocker, legte seine Tatzen auf seinen Bauch und brummte wohlig vor sich in. Die Giraffenfamilie hatte nicht gewagt, den Freudenausbruch zu unterbrechen. Jetzt aber sagte der Giraffenpapa: „Lieber Meister Bär, wir bitten Sie, uns zu verzeihen, und wir haben eine Bitte. Könnten Sie den Hals unserer Tochter entknoten? Sie wird das, was sie getan hat, nie mehr tun."

Der Bär erhob sich von seinem Hocker und entknotete mit Leichtigkeit den Hals der kleinen Euphrosyne.

„Danke", sagte die Giraffenfamilie im Chor, und die kleine Giraffe drückte dem Schmiedemeister Bär einen dicken Kuss auf die Schnauze. Dieser setzte sich wieder auf seinen Hocker. Er strahlte vor Glück.

Rübesam und seine dreieinhalb Spießgesellen

Im Hause wusste niemand davon, aber es geschah wirklich ab und zu nach Mitternacht. Dann wurde es mit einem Mal im Kinderzimmer lebendig, viereinhalb Gestalten erwachten zum Leben. Der erste, der erwachte, war der Drache Rübesam, der sonst reglos auf dem untersten Brett des Bücherregals lag.

Eigentlich hieß der Drache Rübezahl, aber das Mädchen, dem er gehörte, konnte vor Jahren das Wort Rübezahl nicht aussprechen, und so nannte sie den Drachen stattdessen Rübesam. Und diesen Namen hatte er auch behalten, als das Mädchen längst nicht mehr mit ihm spielte, sondern ihn als Erinnerung in ihr Bücherregal gesetzt hatte.

Ebenso unbeachtet wie der Drache waren seit einigen Jahren seine dreieinhalb Spießgesellen, sie lagen völlig einsam in einer großen Plastikkiste zwischen Legosteinen, Bilderbüchern und alten Puzzleteilen.

Aber wer einmal lebendig war, wer im Spiel einmal eine Rolle gespielt hat, der ist nicht gerne plötzlich allein. Denn ein Spielzeug, dem niemand Aufmerksamkeit schenkt, ist tot. Der Drache Rübesam und seine dreieinhalb Spießgesellen aber wollten nicht tot sein, sie wollten leben.

Im großen Kopf des Drachen lag eine Zauberformel versteckt, die seine Großmutter, als sie noch lebte, in schwierigen Situationen immer vor sich hin gemurmelt hatte: „Dricheldracheldreierlei, was tot ist, nun lebendig sei!" Und immer, wenn in einer Vollmondnacht ein Mondstrahl auf das rechte Auge des Drachen fiel, dann erklang im Kopf des Drachen der Zauberspruch „Dricheldracheldreierlei, was tot ist, nun lebendig sei!", und dann erwachte der Drache Rübesam.

Da er kein ausgebildeter Zauberer wie seine Großmutter war, machte ihn der Zauberspruch nur für eine Stunde lebendig. Außerdem konnte er mit dem Spruch auch seine Spießgesellen für eine Stunde ins Leben zurückrufen.

In dieser Nacht war wieder Vollmond. Ein Mondstrahl war auf das rechte Auge des Drachen gefallen, und Rübesam erwachte mit einem gewaltigen Schnauben. Er rutschte vom Brett des Regals herunter und watschelte dann etwas unbeholfen hinüber zur Plastikkiste, in der seine Spießgesellen lagen.

„Dricheldracheldreierlei!", schnaubte er in die Kiste hinein, und schon wurde es darin lebendig. Das kleine Nilpferd Rumpel mit dem breiten Maul erwachte mit einem gewaltigen Gähnen.

Die Stoffpuppe Schlenz rieb sich die Augen. Der alte Bär Brummbrummberum, dem auf dem Rücken ein großes Stück Fell fehlte, brummelte wie immer, wenn man ihn weckte, vor sich hin: „Schlafen ist schön, wach sein ist ganz schön anstrengend."

Wach wurde auch der halbe Spießgeselle, der Hase Löffel, von dem allerdings nur noch der Kopf vorhanden war. Rübesam, Rumpel, Schlenz, Brummbrummberum und Löffel waren gute Freunde. Löffel war trotz seiner kleinen Behinderung ein lustiger Kerl.

Mit ihm hatte es etwas Besonderes auf sich: Weil er nur aus dem Kopf bestand, konnte er nicht richtig sprechen. Er vergaß nämlich beim Reden jedes zweite Wort, das er sagen wollte. Wenn er zum Beispiel die anderen begrüßte, sagte er „Guten, meine!", und er meinte: „Guten Tag, meine Freunde!"

Doch die anderen hatten sich so sehr an Löffel gewöhnt, dass sie ihn verstanden, sogar wenn er ganz komplizierte Sätze sagte. Es ist ja eine alte Weisheit: Wenn man jemanden mag, versteht man ihn. Da Löffel sich aus eigener Kraft nicht bewegen konnte, hatte es Brummbrummberum übernommen, ihn zu tragen.

Als Rübesam und seine dreieinhalb Spießgesellen das letzte Mal wach gewesen waren, hatten sie einen verwegenen Plan gefasst, den sie in dieser Nacht in die Tat umsetzen wollten. Dem Drachen war nämlich noch

ein weiterer Zauberspruch seiner Großmutter eingefallen: „Dricheldracheldreierlei, steh auf, zu meinen Diensten sei!"

Wenn er diese Zauberformel aussprach, dann mussten die Gegenstände das tun, was er wollte. Die viereinhalb Gestalten setzten sich auf den kleinen Teppich, der vor dem Bett im Kinderzimmer lag. Das heißt, Löffel setzte sich nicht, er lag in der rechten Tatze Brummbrummberums.

„Dricheldracheldreierlei, steh auf, zu meinen Diensten sei!", sagte Rübesam, und schon begann sich der Teppich vom Boden zu heben und durch den Raum zu schweben. Rumpel, das Nilpferd, war nicht gerade begeistert, es murmelte vor sich hin: „Fliegen sollten Vögel nur, denn Federn hab ich nicht die Spur." Rumpel war ein schlechter Dichter.

Schlenz, die Puppe, hatte zunächst ein wenig Angst und hielt sich mit beiden Händen an Brummbrummberum fest. Aber je länger der Flug dauerte, umso besser gefiel es ihr. Sie begann sogar leise zu singen: „Fliegen, das ist wunderschön, sollte nie zu Ende gehn."

Rübesam und seine Spießgesellen flogen zur Tür des Kinderzimmers hinaus. Sie flogen durch den Flur des Hauses und landeten schließlich in der Küche. Diesen Raum kannten sie von früher, aber seit Jahren waren sie nicht mehr dort gewesen. Schlenz ging sofort hinüber zum Regal, wo die Küchentücher lagen, und begann, sich zu verkleiden.

Brummbrummberum machte sich über die Marmelade her, nachdem er Löffel in einen Eierbecher neben einem Kopf Salat gesetzt hatte. Rumpel, das Nilplferd, spielte auf dem Küchenboden mit einer Kartoffel Fußball. Rübesam, der Drache, fraß eine ganze Schachtel Streichhölzer, um besser Feuer speien zu können.

„Salat ich liebsten", rief Löffel immer wieder. Schlenz tänzelte durch den Raum und hauchte:

„Bin ich nicht schön? Bin ich nicht herrlich anzusehn?"

Rumpel schnaubte immer wieder „Tor!", wenn er die Kartoffel zwischen zwei Stuhlbeinen durchgeschubst hatte. Und Rübesam spie Feuer, dass es in der Küche richtig hell wurde.

Über dem munteren Treiben in der Küche vergaßen Rübesam und seine dreieinhalb Spießgesellen die Zeit. Ihre Stunde war vorbei. Löffel erstarrte mit einem Salatblatt im Mund. Schlenz fiel bei ihrem Tanz einfach um, eingehüllt in Küchentücher. Brummbrummberum glitt das Marmeladeglas aus den Tatzen. Rumpel blieb einfach stehen, während die Kartoffel zwischen zwei Stuhlbeinen hindurch rollte, und Rübesams Feuer erlosch.

Als das Mädchen, dem Rübesam und seine dreieinhalb Spießgesellen gehörte, in der Nacht aufwachte und in die Küche ging, um einen Schluck Wasser zu trinken, traute es seinen Augen nicht.

„Mein Gott", sagte es, „was ist denn hier los? Wie kommt ihr denn hierher? Was macht mein Teppich in der Küche?"

Das Mädchen hob vorsichtig Rumpel, Brummbrummberum, Rübesam und Schlenz vom Boden auf und drückte sie an sich, wie früher, als es noch kleiner war. Dann sah es Löffel im Eierbecher sitzen mit dem Salatblatt im Mund und sagte: „Komm, armer Löffel!" Die Küche wurde aufgeräumt, und dann trug das Mädchen seine alten Spielkameraden in sein Zimmer.

In dieser Nacht durften Rübesam und seine dreieinhalb Spießgesellen wie früher im Bett des Mädchens schlafen. Bevor es einschlief, streichelte es die Puppe und die Tiere. Ganz besonders zärtlich war es zu Löffel. Ab jetzt wurden Rübesam und Co. wieder beachtet. Sie erhielten einen Ehrenplatz im Zimmer des Mädchens und wurden auf diese Art wieder lebendig. Liebe und Zärtlichkeit können Tote aufwecken.

Ein Holzwurm bricht aus

Niemand weiß so recht, warum es Holzwürmer gibt. Die einen sagen, Holzwürmer seien da, um anderen Tieren als Nahrung zu dienen. Die anderen meinen, um den Preis von alten Möbeln zu erhöhen. Aeneas wurde im Deckenbalken einer Bauernstube geboren und lebte mit seinen Eltern in einer harmonischen, friedlichen Holzwurmwelt.

Unter dem Holzwurmvolk lebte ein alter weiser Holzwurm, ein Asket, der nur noch wenig fraß, aber sehr viel nachdachte. Manchmal versammelten sich junge Holzwürmer um ihn, und er unterwies sie in der Kunst des Lebens. „Der Sinn unseres Lebens", pflegte er zu sagen, „ist das Kriechen und Nagen. Das ist das Leben, das uns Holzwürmer auszeichnet. Wir sind die höchst entwickelten Lebewesen in unserer Welt. Diese Welt gehört uns mit all ihren Fasern, Höhlen und Spalten. Es gibt kein Leben außerhalb unseres Balkens." „Balken" nannten die Holzwürmer ihre Welt.

Die jungen Holzwürmer pflegten zu den weisen Worten des alten Holzwurmes zu nicken und mit ihren Kinderstimmen vor sich hin zu sagen: „Es gibt kein Leben außerhalb unseres Balkens." Dann krochen sie in ihre Gänge und nagten weiter. Aeneas war oft dabei, wenn der Alte lehrte. Doch er war trotz seines jugendlichen Alters ein grüblerischer Holzwurm.

„Warum", so dachte er, „soll es nur einen Balken geben? Warum nicht viele Balken, in denen ebenfalls holzwurmähnliche Wesen leben?"

Bis jetzt hatte noch niemand von einem anderen Balken ihre Holzwurmwelt betreten. Doch Aeneas konnte sich vorstellen, dass da weitere Balken wären. Er verbiss sich immer mehr in den Gedanken, dass es auch außerhalb der ihm bekannten Welt Leben geben könnte.

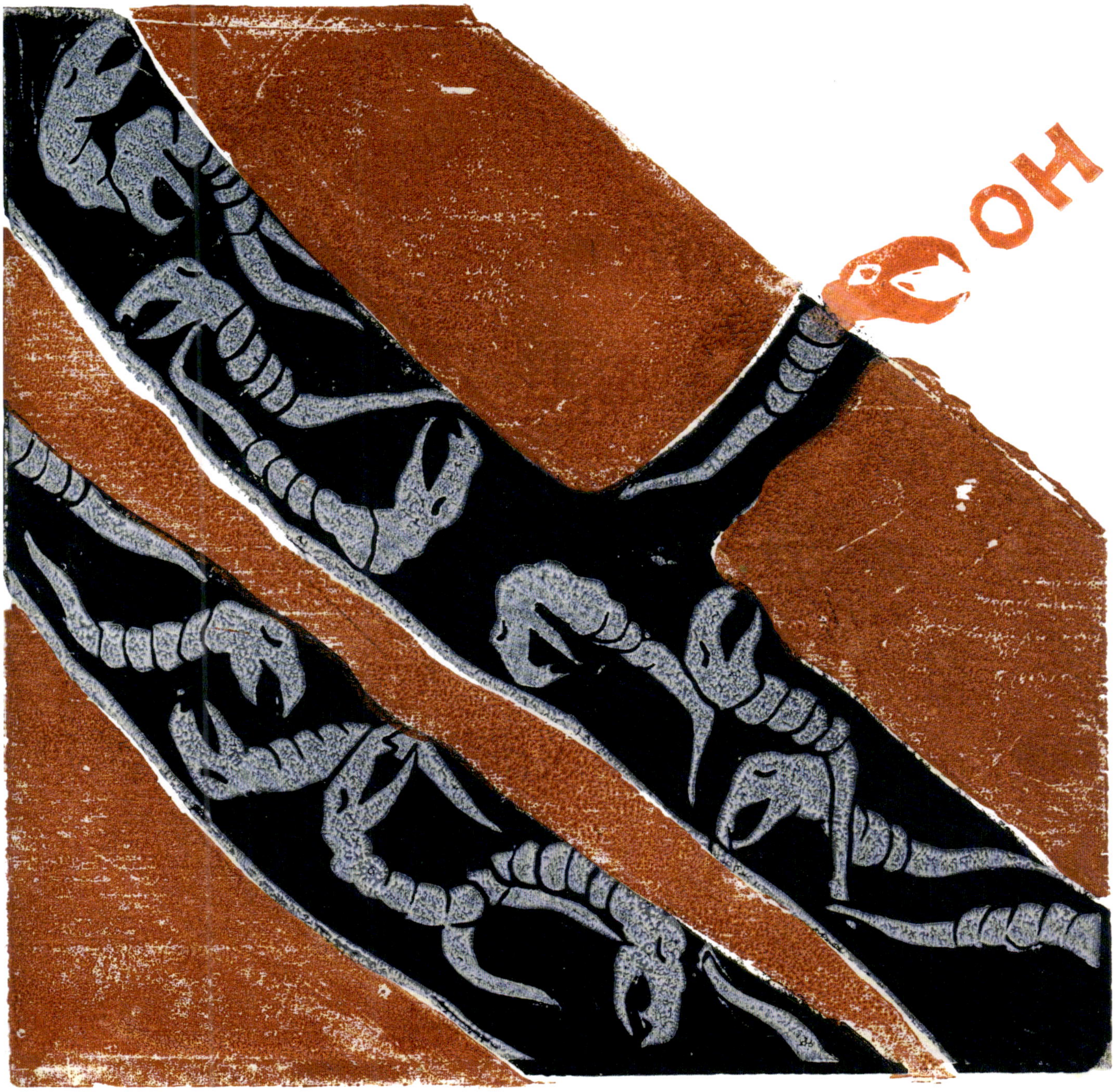

Sein Großvater, ein wunderlicher Holzwurm, lächelte vor sich hin, als ihm Aeneas seine Gedanken erzählte. „Als ich so jung war wie du, habe ich auch so gedacht. Ich habe lange nach dieser anderen Welt gesucht, aber es war vergeblich."

„Vielleicht gehen wir in die falsche Richtung", wandte Aeneas ein. „Vielleicht liegt die andere Welt in der entgegengesetzten Richtung."

„Ich habe auch in der anderen Richtung gesucht", sagte der Großvater, „ich bin unendlich lange Wege gekrochen, doch ich habe das Ende unserer Welt nicht gefunden."

Für einige Zeit gab sich Aeneas mit den Auskünften seines Großvaters zufrieden, dann aber verfiel er wieder ins Nachdenken. Wenn keiner der jetzt lebenden Holzwürmer und auch keiner der Vorfahren diese andere Welt gefunden hatte, dann bedeutet das noch lange nicht, dass es keine andere Welt gab. Man musste vielleicht ganz neue Wege gehen.

Aeneas stellte fest, dass er und seine Mitwürmer nur in einer Richtung gruben, und zwar den Fasern des Balkens entlang. Er beschloss, die Richtung zu ändern und quer zu graben. Er war sich bewusst, dass sich dadurch auch die Richtung seines ganzen Lebens ändern würde.

Dass ihn seine Altersgenossen auslachten, störte ihn nicht, denn er war von seiner Idee besessen, das Ende der ihm bekannten Welt zu finden und eine neue Welt zu sehen. Je weiter er sich von seinen Mitwürmern entfernte, umso einsamer wurde er. Da er mit niemandem reden konnte, führte er Selbstgespräche.

„Und es gibt ein Leben außerhalb unseres Balkens", sagte er immer wieder zu sich selbst, wenn der Zweifel in ihm aufkam.

„Wenn ich die neue Welt entdeckt habe, werde ich zurückkehren, und das Lachen wird verstummen. Und alle werden sie mir folgen, um die andere Welt zu sehen, die ich als Erster gesehen habe."

Und tatsächlich war es eines Tages soweit. Er durchstieß die Grenze seiner Welt, eine unendliche Helligkeit drang in den dunklen Gang ein, in dem sich Aeneas befand. Geblendet schloss er die Augen. „Ich habe die neue Welt gefunden", jubelte er. „Es gibt doch andere Welten außerhalb unseres Balkens." Dann fiel er, blind vor lauter Licht, aus seiner Welt in eine neue Welt. Das letzte, was er spürte, war ein wundervolles Glücksgefühl.

Der alte weise asketische Holzwurm in der Balkenmitte aber lehrte weiterhin seine jungen Zuhörer: „Es gibt kein Leben außerhalb unseres Balkens. Es ist sinnlos, danach zu suchen."

Ein Elefant trompetet Mozart

In einem großen Orchester werden ganz unterschiedliche Instrumente gespielt. Da gibt es die Gruppe der Streichinstrumente, dazu gehören Violinen, Celli und Kontrabässe. Bei den Blasinstrumenten gibt es Holzblasinstrumente und Blechblasinstrumente, unter anderem Flöten, Oboen, Klarinetten, Trompeten, Hörner, und Posaunen. Pauken, Trommeln und Becken gehören in die Gruppe der Schlaginstrumente.

Jedes Instrument hat einen ganz eigenen Ton. Je nachdem, welcher Ton dem Ohr am angenehmsten ist, lieben die Menschen den Klang des einen Instrumentes mehr als den eines anderen.

Aber nicht nur in Konzertsälen und in der Oper wird musiziert. Wenn es ganz still ist und man sich in der Natur umhorcht, stellt man fest, dass dort eifrig musiziert wird. Da gibt es wie in einem Orchester Streicher. In diese Gruppe gehören die Grillen. Sie streichen mit der unteren Kante des einen Vorderflügels über die hintere Kante des anderen Vorderflügels und erzeugen dadurch Tonfolgen, die man Zirpen nennt. Der Specht ist der Schlagzeuger unter den Tieren.

Elefanten gehören zur Gruppe der Bläser. Sie sind für ihre vielen Trompetentöne bekannt, mit denen sie sich verständigen, und die man hört, wenn sie aufgeregt oder wütend sind.

Viele Bewohner des Tierreiches spielen kein Instrument, sind aber begabte Sängerinnen und Sänger wie die Amsel und die Nachtigall.

Indische Elefanten sind, wie Forscher herausgefunden haben, sehr soziale Tiere. Sie spüren, wenn einer von ihnen Angst hat oder traurig ist, und dann suchen sie seine Nähe. Sie lassen ihn spüren, dass er nicht alleine ist. Die indischen Elefanten sind etwas kleiner als die afrikanischen, und der deutlichste Unterschied besteht darin, dass sie viel kleinere Ohren haben als ihre Artgenossen in Afrika.

Amadé war ein junger indischer Elefant und lebte in Thailand. Seine Eltern waren Arbeitselefanten, sie wurden eingesetzt, um Lasten zu transportieren, zum Beispiel die Stämme gefällter Bäume aus dem Wald herauszutragen oder herauszuziehen. Amadé sollte später auch ein Arbeitselefant werden, aber noch war er für die schwere Arbeit zu jung.

Seine Lieblingstätigkeit war das Trompeten. Dies war bei ihm aber nicht Ausdruck der Aufregung oder der Wut, nein, er trompetete – ganz gegen die Elefantennatur – aus reiner Freude. Er selbst hörte sich gerne trompeten und er lernte nach und nach, nicht nur einen Ton hinauszutrompeten, sondern unterschiedliche Töne, ja sogar Melodien.

In der Nähe des Geheges, in dem er und die erwachsenen Elefanten zu Hause waren, stand das Haus eines Mannes, der in der Stadt der Chef einer großen Firma war. Es war ein schönes weißes Haus mit einer großen Terrasse, und am Abend saß der Mann oft draußen, las in einem Buch und hörte Musik. Er besaß etwas, was es heute fast nicht mehr gibt, nämlich Schallplatten und einen Plattenspieler, auf dem diese abgespielt werden konnten. Eine stählerne Nadel ertastete in den Rillen der Schallplatte die Töne. Bei Platten, die oft abgespielt wurden, hörte man bisweilen ein Nebengeräusch, eine Art Kratzen, aber das störte den Mann auf der Veranda nicht.

Amadé liebte diese Art Musik, die er zuvor noch nie gehört hatte. Es war Musik aus einer anderen Welt. Begeistert stand er einfach nur da, hörte zu und bewegte seinen Rüssel im Rhythmus der Musik. Er wusste natürlich nicht, dass es sich um „klassische" Musik handelte und dass der Mann die Musik von einem Komponisten besonders liebte, der Wolfgang Amadeus Mozart hieß.

Amadé hatte einige Lieblingsmelodien. Das waren die Hornkonzerte Mozarts. Wenn diese Melodien ertönten, begann Amadé, automatisch zu tanzen. Die Bewegungen seines Rüssels sahen aus, als würde er ein Orchester dirigieren. Amadé übte, und nach recht kurzer Zeit konnte er die Melodien der Hornkonzerte trompeten. Seine Eltern waren ganz und gar nicht begeistert. Amadé sollte ein Arbeitselefant werden und kein Künstler. Sie hätten es lieber gesehen, wenn ihr Sohn seine Muskeln trainiert und gelernt hätte, wie man mit dem Rüssel Stämme packt und wegträgt. Sie wollten, dass er auf seine spätere Tätigkeit als Arbeitselefant vorbereitet wäre, denn das war harte Arbeit.

Aber oft ist es im Leben ja so: Was den Eltern bei ihren Kindern nicht gefällt, gefällt anderen Menschen umso mehr. Und so war es auch bei den indischen Elefanten. Die anderen Arbeitselefanten mochten die Musik, die Amadé in den Abend trompetete. Wenn sie müde von der schweren Arbeit nach Hause kamen, hörten sie ihm gerne zu.

Eines Abends saß der Mann wieder auf der Terrasse, doch dieses Mal hatte er keine Schallplatte aufgelegt. Er war in die Lektüre eines Buches vertieft. Plötzlich merkte er auf. Er hörte die Melodie des Solohorns aus dem Hornkonzert Nr. 1 in D-Dur von Mozart. Verwundert schaute er sich um. Plötzlich schüttelte er den Kopf. Er glaubte, seinen Augen und Ohren nicht zu trauen. Ein kleiner Elefant stand in der Mitte eines Kreises großer Elefanten und trompetete zum Abendhimmel hinauf. Und was er trompetete, war wirklich die Melodie des Hornkonzertes.

„So etwas gibt´s doch nicht", murmelte der Mann vor sich hin. Längere Zeit beobachtete er fasziniert den kleinen Elefanten, der wunderschöne Melodien trompeten konnte.

In der Nacht hatte der Mann eine Idee. Eine tolle Idee, wie er fand. Schon am folgenden Tag besuchte er den Besitzer der Arbeitselefanten und machte ihm ein Angebot. Er wollte den kleinen Elefanten kaufen. Warum, das verriet er nicht. Er plante, Amadé als Künstler auftreten zu lassen, um damit Geld zu verdienen. Ein kleiner Elefant, der auf einer Bühne Melodien von Wolfgang Amadeus Mozart trompetet, wäre mit Sicherheit ein Ereignis, das viele Menschen erleben wollten. Viele Menschen aber bedeuteten viel Geld in der Kasse des Veranstalters.

Die Verhandlungen verliefen positiv. Amadé war nicht billig, aber im Blick auf das Geld, das er mit ihm verdienen würde, bezahlte der Mann den geforderten hohen Preis. Einige Zeit stand der kleine Elefant noch in dem Gehege zusammen mit den anderen Elefanten und trompetete zu deren Freude.

Dann, eines Tages, als die großen Elefanten bei der Arbeit waren, fuhr ein Lastwagen vor, und Amadé wurde verladen. Bei diesem Vorgang trompetete er keine fröhliche Melodie, es war das natürliche Trompeten eines kleinen Elefanten, der Angst hatte. Doch die großen Elefanten konnten ihm nicht helfen, denn die waren nicht da.

Als sie abends in ihr Gehege zurückkamen, war der kleine Elefant weg. Alles Suchen half nichts. Amadés Eltern waren ganz verzweifelt. Die anderen Elefanten standen traurig im Kreis beieinander, doch Amadé, der sonst der Mittelpunkt des Kreises gewesen war, war weg, einfach weg.

Auch an den folgenden Tagen war weit und breit nichts von ihm zu sehen. Wochen gingen ins Land, Amadé fehlte den anderen Elefanten. Vor allem fehlte er seinen Eltern, die ganz verzweifelt waren, weil sie nicht wussten, wo ihr Kind war. Sie dachten ständig an Amadé, aber nicht nur sie, auch die anderen Elefanten vergaßen den Kleinen nicht. Elefanten vergessen nie etwas. Elefanten merken sich auch Ereignisse, die Jahre zurückliegen.

Der Mann, in dessen Besitz Amadé jetzt war, war mit seinem musikalischen Elefanten ganz und gar nicht zufrieden. Er hatte ihn in einem Stall am anderen Ende der Stadt einquartiert, um ihn dort zu lehren, auf bestimmte Zeichen hin eine bestimmte Mozart-Melodie zu trompeten. Immer wieder spielte er ihm Schallplatten mit den Hornkonzerten vor.

Doch Amadé trompetete nur, wie Elefanten trompeten, wenn sie unter Stress stehen und Angst haben. Der Mann wurde während der Unterrichtsstunden oft zornig, denn er hatte ja viel investiert, um mit Amadé Geld zu verdienen. Oft schlug er den kleinen Elefanten mit einem Stock auf den Rüssel, um ihn zu einer Melodie zu zwingen. Aber alles half nichts. Es war, als hätte Amadé seine Kunst verlernt.

Nach einiger Zeit erkannte der Mann, dass er sein Geld falsch investiert hatte. Ihm wurde klar: Mit dem Elefanten würde er kein Geld verdienen. Mit einem gewöhnlichen Elefanten aber konnte er nichts anfangen, der würde nur Geld kosten.

Er war froh, den kleinen Elefanten wieder an den ehemaligen Besitzer verkaufen zu können, allerdings gab der ihm viel weniger Geld, als er beim Kauf hatte zahlen müssen. Amadé war für ihn ein richtiges Verlustgeschäft geworden, die Stallmiete hatte Geld gekostet, er hatte für Nahrung und einen Pfleger aufkommen müssen.

Wieder wurde Amadé auf einen Lastwagen verladen und in sein früheres Gehege zurückgebracht. Der Tag der Rückkehr war ein trüber Tag.

Den ganzen Tag hatte es geregnet. Gegen Abend kamen die Elefanten müde von ihrer Arbeit nach Hause. Es war für sie ein grauenhafter Tag gewesen. Bei Regenwetter war die Arbeit im Wald sehr viel schwerer als

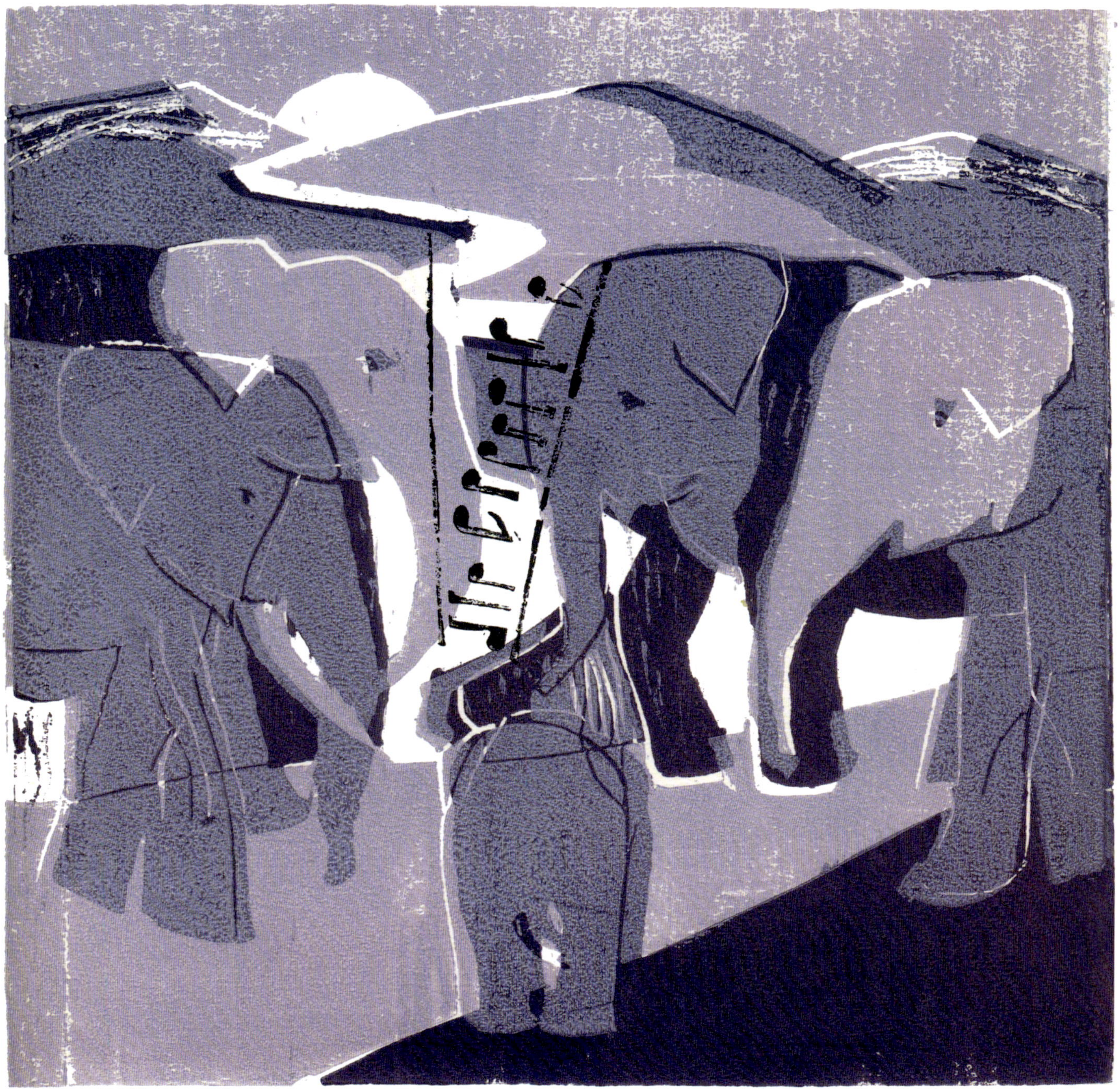

bei Sonnenschein, denn die nassen Stämme ließen sich nicht so leicht mit dem Rüssel greifen. Schweren Schrittes machten sie sich auf den Heimweg. Wenn eine Gruppe Elefanten schweren Schrittes unterwegs ist, bebt die Erde. Aus diesem Grund hörte Amadé, dass sich die Elefanten dem Gehege näherten.

Plötzlich reckte er seinen Rüssel in die Höhe und begann, eine Mozart-Melodie zu trompeten, schöner als er je trompetet hatte. Die Gruppe der heimkehrenden Elefanten blieb mit einem Ruck stehen. Er war wieder da! Gemeinsam trompeteten sie einen Ton der Freude in den Abend, dann begannen sie zu laufen.

Voraus liefen Vater und Mutter des kleinen Elefanten. Nichts konnte sie mehr aufhalten. Wenn sich ihnen etwas in den Weg gestellt hätte, hätten sie es umgerannt. Ihr Amadé war wieder da.

Als sie ankamen, stand der kleine Elefant in der Mitte des Geheges und trompetete. Seine Eltern liefen auf ihn zu, umarmten ihn mit dem Rüssel, und die anderen Elefanten, graue schwere Kolosse, begannen zu tanzen. Die Erde bebte unter den Elefantenfüßen, obwohl der Tanz sehr leichtfüßig aussah.

In diesem Augenblick trat der Mann, der für einige Zeit der Besitzer des kleinen Elefanten gewesen war, auf die Terrasse seines Hauses. Als er sah, was sich im Gehege der Elefanten abspielte und welche Freude dort herrschte, wurde er ganz nachdenklich. Er holte seinen Plattenspieler, legte die Schallplatte mit dem Hornkonzert Nr. 1 in D-Dur von Wolfgang Amadeus Mozart auf und drehte den Lautstärkeregler bis zum Anschlag. Amadé stimmte spontan in das Hornkonzert mit ein.

Zwei, drei, vier ziemlich beste Freunde

Früher war er zusammen mit seiner Wölfin das Alpha-Paar des Wolfsrudels gewesen. Wölfe, die in Freiheit leben, haben ein anderes soziales Verhalten als Wölfe, die in Wildgehegen leben. In Gefangenschaft gibt es Kämpfe um Rangordnungen, während in der freien Wildbahn, wo sich ein Rudel zumeist aus Eltern, Kindern und Kindeskindern zusammensetzt, die Eltern eine führende Rolle spielen.

Doch dann geschah das Unglück. Die Wölfin stürzte einen Felsen hinab und verletzte sich so schwer, dass sie kurz darauf starb. Der Verlust seiner Partnerin hatte den alten Wolf schwer getroffen. Er war nicht mehr in der Lage, ein Rudel anzuführen, zumal sein Augenlicht immer mehr nachließ.

Dennoch konnte er sich immer noch auf seinen Geruchssinn verlassen. Er roch das Rudel und blieb so in dessen Nähe, wenn es durch die Landschaft zog. Schlimm war für ihn, als er merkte, dass auch sein Geruchssinn nachließ. Der Verlust des Geruchssinns ist in etwa zu vergleichen mit dem Zustand eines Menschen, der einen schweren Schnupfen hat. Schließlich hatte der alte Wolf seinen Geruchssinn völlig verloren. Er roch sein Rudel nicht mehr, er sah die anderen Wölfe nicht mehr und musste feststellen, dass auch seine Hörfähigkeit nachgelassen hatte.

Alles, was ihn als Leitwolf ausgezeichnet hatte, hatte er verloren. Ohne richtig zu hören, gut zu sehen und Gerüche zu wittern, ist weder Jagen noch das Führen eines Wolfsrudels möglich. Jagen gehört zum Wesen des Wolfes, er ist ein Raubtier, das sich die Beute erjagen muss. Er jagt andere Tiere, er muss sie jagen, denn Wölfe sind keine Pflanzenfresser.

Eine Zeitlang war er noch hinter dem Rudel, das einst sein Rudel gewesen war, hergezogen. Die jüngeren Tiere hatten sich nicht um ihn gekümmert, sie gingen ihren Weg, ohne sich nach ihm umzuschauen. Er war alt und gehörte nicht mehr dazu. Der stolze Wolf, der er ehemals war, wurde nicht mehr beachtet. Er blieb alleine zurück. Unsicher trottete er durch die Gegend. Er wurde immer hungriger, da er unfähig war, Beute zu machen. Und er war durstig und müde. Er konnte nicht mehr und er wollte auch nicht mehr.

Er spürte, dass er auf einer Wiese war. Plötzlich blieb er stehen, dann legte er sich auf die Erde. Mit seiner Schnauze stieß er dabei auf einen runden Gegenstand und, weil er hungrig war, biss er hinein und fraß ihn auf. Der Gegenstand war saftig und löschte auch den Durst des alten Wolfes. Der saftige Gegenstand war ein Apfel. Nachdem er diesen gefressen hatte, streckte er sich auf dem Boden aus. Dabei stieß er mit seiner Vorderpfote auf einen weiteren Apfel, den er ebenfalls fraß. Einen apfelfressenden Wolf, das hatte es wohl zuvor noch nie gegeben. Inzwischen wusste er auch nicht mehr, wo er war. Der alte Wolf blieb einfach liegen, er war zu schwach, um weiterzugehen.

Zwar konnte er nicht mehr gut hören, aber als er so auf dem Boden lag, da war ihm, als hörte er Geräusche, immer wieder dieselben Geräusche, die an ihm vorbeiflogen. Es war ein Dauergeräusch mit kurzen Unterbrechungen. Der alte Wolf suchte in seinen Erinnerungen. Wo hatte er diese Geräusche schon einmal gehört? Dann fiel es ihm wieder ein. Das waren Geräusche vorbeifahrender Autos, es musste also eine Straße in der Nähe sein.

Für einen Wolf ist eine Straße eine Straße, er unterscheidet nicht zwischen einfachen Straßen und einer Autobahn. Der alte Wolf lag keine hundert Meter von einer vielbefahrenen Autobahn entfernt auf einer Wiese, auf der Apfelbäume standen und der Löwenzahn gelb leuchtete. Bäume und Blumen sah er nicht, er spürte nur das weiche Gras.

Der alte Wolf war nicht nur müde, er war lebensmüde. Am besten wäre es, dachte er, hier an dieser Stelle einfach liegen zu bleiben und auf den Tod zu warten. Er schloss seine Augen, die nur noch Schatten sahen, er wollte schlafen, nichts als schlafen, ganz lange schlafen.

Wie lange er geschlafen hatte, wusste er nicht. Er wurde wach, weil er die Schnauze eines anderen Tieres spürte, er war aber zu müde, um die Zähne zu fletschen und zu knurren. Er öffnete seine Augen und sah trotz der Nähe nur ganz verschwommen die Umrisse eines Tieres, das so groß war wie er. Ob das Rudel einen der Wölfe geschickt hatte, um ihn zu suchen?

Plötzlich begann der Fremde, ihm das Gesicht abzulecken, es war eine tröstende, zärtliche Geste. Der Fremde wirkte wie einer, der ebenfalls alleine war und sich freute, jemanden gefunden zu haben, der in der gleichen Situation war wie er. Der Fremde war ein Hund, genauer gesagt, ein schwarzer Labrador. Er war schon den ganzen Tag über unterwegs in einer für ihn völlig fremden Gegend gewesen.

Drei Kilometer entfernt war an der Autobahn eine Raststätte. Dort hatte die Familie, in der der Labrador bisher zu Hause gewesen war, Rast gemacht. Die Familie war auf dem Weg in den Urlaub. Der Hund ahnte beim Halt auf der Raststätte nicht, dass nicht angehalten wurde, um Rast zu machen, sondern um ihn loszuwerden.

Die Kinder der Familie hatten sich einmal sehnlichst einen Hund gewünscht. So war er als Welpe in die Familie gekommen und Emil genannt worden. Im ersten Jahr hatte er ein wunderbares Leben. Alle kümmerten sich um ihn. Man verwöhnte ihn. Ja, die Kinder stritten darum, wer mit ihm spazieren gehen durfe. Verantwortlich für ihn waren die beiden Kinder, so war es abgemacht, denn Vater und Mutter waren den Tag über bei der Arbeit.

Nach einem Jahr schwand das Interesse der Kinder an Emil so nach und nach. Nun stritten sie darüber, wer mit ihm spazieren gehen musste. Er war nicht mehr die Freude der Familie, sondern nur noch eine Last. Wenn er sich einem der Kinder näherte, um zu schmusen, was er sehr gerne tat, wurde er weggeschickt mit Worten wie „Lass das!" oder „Weg! Ich hab jetzt keine Zeit für dich."

Vater und Mutter, die beide keine besondere Liebe zu Hunden hatten, trugen sich bald mit dem Gedanken, den Hund zu entsorgen, auch deswegen, weil sie viel für ihn bezahlen mussten. Steuer und Tierarzt schlugen zu Buche, auch das Futter, denn ein Labrador ist immer hungrig. In ein Tierheim wollten sie ihn nicht bringen, sie hätten sich geschämt zu sagen, dass sie den Hund einfach nicht mehr im Haus haben wollten.

Den Kindern war Emil inzwischen völlig gleichgültig geworden. Das Mädchen wollte keinen Hund mehr haben, sondern lieber einen Gecko.

Der Junge war nach der Schule mit dem Mountainbike oder dem Skateboard unterwegs. Da konnte er keinen Hund brauchen, der neben ihm herlief und immer wieder begeistert an ihm hochsprang.

Menschen können Tieren gegenüber sehr grausam sein, auch wenn sie sie nicht körperlich quälen. Jemanden nicht zu beachten, heißt auch, ihn zu quälen. Wer Tiere mag, kann es nicht verstehen, wie Menschen mit Tieren umgehen können. Sie tun Dinge, die niemand tut, der ein Herz hat und das Gefühl von Mitleid kennt.

Nach einer kurzen Rast auf dem Parkplatz der Raststätte setzte sich die Familie ins Auto. Emil schnüffelte noch an einem Abfallkorb, der am Rande des Parkplatzes stand, als das Auto schon Richtung Süden wegfuhr. Der Hund war für die Familie im Auto kein Thema mehr. Man war ihn endlich los, und nur das zählte.

Emil war verwundert, als das Auto ohne ihn wegfuhr, aber er war in dem guten Glauben, dass das ein Versehen war, dass das Auto nach wenigen Metern anhalten würde, weil man gemerkt hatte, dass er nicht im Auto war. Er wartete darauf, dass die roten Lichter an der Rückseite des Autos aufleuchten würden, aber sie leuchteten nicht auf. Etwa eine Stunde lang saß ein trauriger Labrodor neben dem Parkplatz in der Hoffnung, die Familie würde zurückkehren. Nach und nach aber schwand bei ihm die Hoffnung, dass man ihn abholen würde.

Mit gesenktem Kopf seufzte Emil vor sich hin. Also machte er sich auf den Weg. Er versuchte, Zuneigung zu erbetteln. Er näherte sich den Tischen im Freien, an denen Urlauber Picknick machten. Er wurde gestreichelt und hörte Worte wie „Bist du ein schöner Hund" und „Ach, ist der lieb". Er lief auch ein paar Mal hinter Leuten her bis zu deren Auto, aber niemand hieß ihn einsteigen. Es war klar, er war ausgesetzt worden.

Weil Emil Hunger hatte, suchte er die Abfallkübel ab. Sein Menü war eine halbe Bratwurst, ein senfverschmiertes Brötchen, ein Stück Käse und eine halbe Pizza mit Salami. Im kleinen Teich vor der Raststätte stillte er seinen Durst.

Nach und nach wurde der Parkplatz der Raststätte immer ungemütlicher, denn es war Ferienzeit. Autos fuhren vor und wieder ab. Riesige Lastwagen mit Anhängern schlichen über den Platz, um eine Stelle zu finden, an der sie parken konnten. Einige Male wäre Emil fast unter die Räder gekommen.

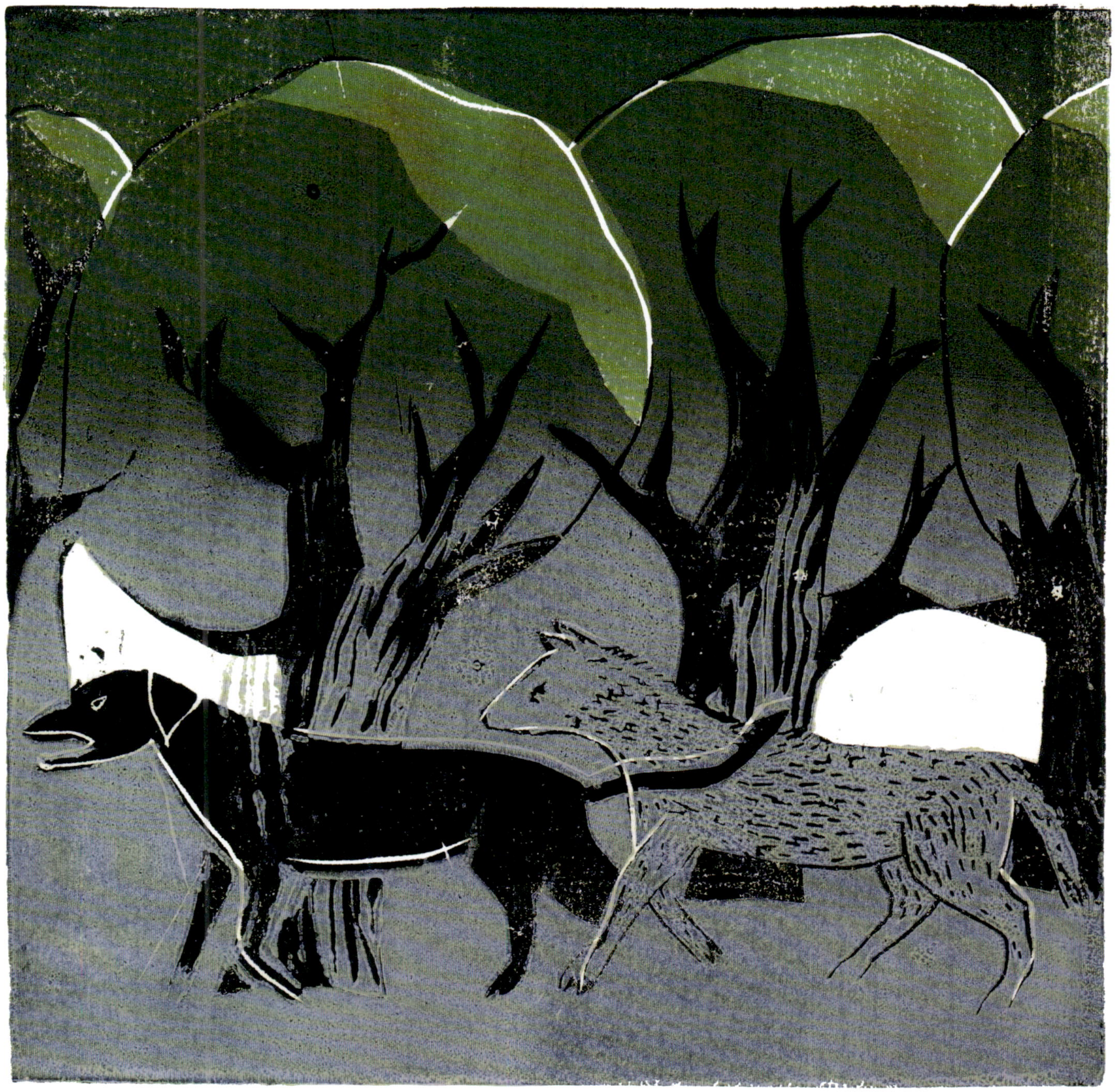

Schließlich verließ Emil den Parkplatz und gelangte auf eine Wiese, die an seinen Wald grenzte. Er lief am Rand des Waldes entlang und sah nach einiger Zeit einen Hund auf der Erde liegen. Hunde unterscheiden nicht zwischen Wolf und Hund, denn sie gehören ja zur selben Familie. Der Hund lag im Gras und bewegte sich nicht. Emil näherte sich ihm langsam. Der schlafende Hund rührte sich immer noch nicht, auch als Emil bereits neben ihm stand. Er sah, dass der Hund sehr alt war und empfand Mitleid.

Ganz sanft begann er, mit seiner Zunge den Alten zu streicheln. Emil hatte eine große Zunge, das Streicheln wurde immer intensiver. Der Gestreichelte schien zunächst nichts zu bemerken. Doch dann öffnete er die Augen und seufzte. Das Seufzen ließ nach, denn die Zärtlichkeit, mit der er gestreichelt wurde, tat ihm gut. Es erinnerte ihn an die Zeit, als er jung war und seine Herzenswölfin noch lebte.

Langsam stand der alte Wolf auf und näherte seinen Kopf dem des anderen Hundes, dessen Gesicht er nur verschwommen wahrnahm. Einer aus seinem ehemaligen Wolfsrudel war das nicht. Der Geruchssinn war ja weg, aber eigenartiger Weise konnte er den Fremdling gut riechen. Nun begann er, ihn zu streicheln.

Am heftigen Schwanzwedeln konnte man erkennen, dass Emil sich freute, endlich jemanden gefunden zu haben. Der alte Wolf war mit einem Mal nicht mehr müde. Auch die Lebhaftigkeit des Fremden war ihm überhaupt nicht lästig.

Der Labrador begann, auf der Wiese herumzutoben, rannte in großen Kreisen um die Bäume herum, kam immer wieder zurück und stupste den Wolf an. Der fühlte sich auf seltsame Weise gestärkt. Die Tatsache, nicht mehr allein zu sein, gab ihm Kraft. Nach und nach sah er nicht mehr aus wie ein alter kranker Wolf. Er war wieder ein richtiger Wolf, auch wenn er nicht mehr gut sehen und nicht mehr riechen konnte.

Dann machten sich die beiden gemeinsam auf den Weg. Sie gingen nebeneinander her wie zwei alte Freunde. Der Wolf hatte jemanden gefunden, dessen Augen zu seinen Augen wurden. Langsam verschwanden beide zwischen den Stämmen der Bäume. Der Wald nahm sie auf.

Einige Zeit später sah ein Jäger von seinem Hochsitz aus das ungleiche Paar. Er traute seinen Augen nicht, denn mit seinem geschulten Blick hatte er erkannt, dass hier zwei in sein Revier geraten waren, die eigentlich nicht zusammengehörten. Der Jäger verließ seinen Hochsitz und lockte die beiden heran. Und tatsächlich näherten sie sich. Vorsichtig ging der Jäger auf sie zu. Der Labrador wedelte zunächst freudig mit dem Schwanz, dann stürzte er auf den Jäger zu, sprang an ihm hoch und benahm sich wie ein Hund, der außer sich ist vor Freude. Auch der alte Wolf kam näher, setzte sich und stieß eine Art Jubelschrei aus.

„Was mache ich nur mit euch?", fragte der Jäger. „Ihr habt bestimmt Hunger."

Zusammen gingen sie zum Auto des Jägers auf dem Parkplatz im Wald. Der Jäger öffnete die Heckklappe. Emil, der Erfahrungen mit Autofahrten hatte, sprang mit einem Satz in den geräumigen Kofferraum, in dem eine Decke lag, die er sofort beschnupperte. Der Wolf stand etwas ratlos da, bis ihn der Jäger hochhob und ebenfalls in den Kofferraum setzte.

Nach etwa einer Viertelstunde hielt das Auto an. Die Heckklappe wurde geöffnet, Emil sprang sofort heraus, der Wolf wurde vom Jäger herausgehoben. Da hörte man auch schon das Bellen der Dackeldame Katy, die oft die Begleiterin ihres Herrn bei der Jagd war, außer wenn dieser vom Hochsitz aus jagte.

Katy hatte keine Angst, sie war im Wald schon oft größeren und gefährlicheren Tieren begegnet. Langsam ging sie auf den Wolf und den Hund zu und beschnupperte sie. Die Schnupperprobe verlief offensichtlich positiv. Der Wolf stupste Katy an, Emil ebenfalls.

„So, Katy", sagte der Jäger, „das sind deine neuen Gefährten. Die beiden bleiben zunächst mal bei uns. Ich weiß nur noch nicht, wie ich es meiner Frau erklären soll."

Emil und der alte Wolf fanden auf diese Weise eine neue Heimat. Katy war die Anführerin des neuen Dreierrudels. Was sie den anderen befahl, wurde gemacht.

Alfons mag sich wieder

Alfons war ein Großer Ameisenbär. Die Heimat der Großen Ameisenbären ist Süd- und Mittelamerika. Seine Heimat hatte Alfons nie gesehen, er war im Zoo geboren worden und lebte hier. Er hatte noch nie in einen Spiegel geschaut, aber dass er eine lange Schnauze hatte, die wie ein Rüssel aussah, wusste er, die trug er ja vor sich her. Sie war für seine Brüder und Schwestern in der freien Wildbahn sehr wichtig, denn damit konnten sie in Ameisenbauten eindringen, um mit ihrer klebrigen Zunge Ameisen zu fangen.

Was Alfons störte, war die Tatsache, dass viele Zoobesucher, vor allem Kinder, ihn offensichtlich nur komisch fanden.

„Schau, hat der eine hässliche lange Schnauze!"

„Der muss ja aufpassen, dass er nicht drauf tritt."

„Er wollte vielleicht mal Elefant werden und hat es nicht geschafft."

„Findest du nicht auch, dass er ziemlich dumm aussieht?"

„Irgendwie tut er mir leid."

„Auf jeden Fall sieht er komisch aus."

Wie die alte Ameisenbärin, seine Mutter, die mit ihm zusammen das Gehege bewohnte, stellte sich Alfons vor auszusehen. Das Verhältnis zwischen den beiden war nicht besonders gut, sie gingen sich aus dem Weg, soweit das in einem kleinen Gehege möglich war. Manchmal saß Alfons nur da und schaute hinüber zu den anderen Tieren. Er beobachtete den Schwarzen Panther, der unentwegt mit seinem geschmeidigen Gang hinter den Gitterstäben auf und ab ging. Er sah die Flamingos durch ihr Gehege schreiten. Wenn sie stehen blieben, sahen sie wirklich aus, wie ein Dichter sie beschrieben hatte: Sie wirkten wie Blumen auf rosa Stielen.

Er sah die jungen Antilopen, die in hohen Sprüngen hintereinander her jagten, und er bewunderte den mächtigen Auerochsen, der zumeist unbewegt auf der Wiese stand wie sein eigenes Denkmal.

Er aber saß da in seinem Gehege. Er hatte nicht den geschmeidigen Gang des Panthers. Er war keine prächtige Blume auf einem rosafarbenen Stiel, hohe Sprünge waren für ihn nicht möglich und ihm fehlte die Würde des mächtigen Auerochsen. Er war eben nur ein Großer Ameisenbär mit einer langen röhrenförmigen Schnauze, den die Zoobesucher, vor allem die Kinder, komisch fanden. Aber gerade von ihnen wäre er gerne geliebt worden.

Im Laufe der Zeit hatte Alfons auch festgestellt, dass die Zoobesucher vor seinem Gehege immer nur kurz stehen blieben. Er wurde nur ganz selten fotografiert. Beim Schwarzen Panther und den Flamingos war das anders. Dort sammelten sich immer wieder Menschentrauben, und viele reckten ihre Handys in die Höhe, um Fotos zu machen. Alles in allem war Alfons mit sich und seiner Situation nicht glücklich. Gut, die beiden alten Galapagos-Schildkröten waren auch keine Schönheiten, aber sie wurden wegen ihres Alters bewundert, und sie erweckten den Eindruck, als seien sie sehr weise, weil sie schon so lange lebten.

Da Alfons nicht glücklich und mit seinem Aussehen nicht zufrieden war, hätte er es gerne geändert. Vor allem störte ihn die lange Schnauze, die er im Zoo gar nicht benötigte, denn dort gab es keine Ameisen- und Termitenbauten, in denen er nach Nahrung hätte stochern müssen. Alfons war jeden Abend sehr müde, obwohl es im Gehege nichts zu tun gab, aber es ist ungemein anstrengend, munter zu bleiben, wenn man kaum beachtet wird.

Dann kam jene Freitagnacht, die im Leben von Alfons alles veränderte. Er war eingeschlafen, aber es war kein ruhiger Schlaf, der über ihn gekommen war. Er bewegte im Schlaf seine Füße, als würde er umherwandern, und ab und zu streckte er seine Schnauze, die normalerweise schlaff vor ihm lag, wenn er schlief, in die Höhe. Alles deutete darauf hin, dass Alfons träumte, seine Bewegungen waren ein Indiz dafür. Nicht nur Menschen, sondern auch Tiere erleben im Traum Ängste, aber auch die Erfüllung von Wünschen, die sie schon lange in sich tragen.

Was Alfons in dieser Nacht träumte, gehörte in die Abteilung „Im Traum erfülle ich mir meine Wünsche". Im Traum fasste Alfons den Entschluss, sein Aussehen verändern zu lassen. Er verließ den Zoo, denn überraschenderweise war die Tür seines Geheges offen, und machte sich auf den Weg in die Praxis von Frau Doktor Klug, einer Schweinedame mittleren Alters.

Sie war eine berühmte Ärztin im Fachgebiet Plastische Chirurgie. Manche nennen solche Ärzte verächtlich „Schönheitschirurgen", doch die wirkliche Aufgabe eines Plastischen Chirurgen ist es, Lebewesen, die aus irgendwelchen Gründen, zum Beispiel durch einen Unfall, entstellt sind, zu operieren, um die Entstellung zu vermindern oder zu beseitigen.

Alfons war entschlossen, sich operieren zu lassen, denn er hielt sein Aussehen für einen Unfall der Natur. Frau Doktor Klug hatte eine große Praxis, denn es gab viele Tiere, die Hilfe suchten. Tiere, die von Autos angefahren worden waren, oder Tiere, die gequält worden waren. Frau Doktor war eine Spezialistin, und viele Tiere, die sie behandelt hatte, führten wieder ein glückliches Leben. An der Rezeption der Praxis saßen zwei hübsche junge Schweinedamen in weißen Kitteln und mit Häubchen auf dem Kopf. Nachdem sie die Personalien des Patienten Alfons aufgenommen hatten, schickten sie ihn ins Wartezimmer, denn er war nicht angemeldet gewesen und einige andere Patienten warteten schon.

Alfons betrat das Wartezimmer, grüßte und setzte sich auf einen Stuhl in der Ecke. Der Raum war eingerichtet, wie man es von Wartezimmern für Menschen kennt. Die Stühle standen an den vier Wänden, in der Mitte war ein niedriger Tisch, auf dem Zeitschriften lagen und das berühmte Kinderbuch „Das kleine Menschlein Nimmersatt", das von einem Menschenkind handelt, das so lange Würste aller Art in sich hineinstopft, bis es zur Freude der Tiere, aus denen Würste gemacht werden, schließlich platzt.

Die meisten Patienten schauten vor sich hin, einige blätterten in Zeitschriften, die sie in den Pfoten oder Krallen hielten. Vorsichtig sah sich Alfons um. An der Wand gegenüber saß ein kleiner Hund mit seiner Mutter, ihm fehlte ein Stück seines Gesichtes. Er blickte Alfons gewissermaßen einseitig an. Ein Schaf konnte nicht gerade sitzen, es hatte einen völlig unnatürlichen Rücken, so dass es Ähnlichkeit mit einem Kamel hatte. Das Reh, das in einer Modezeitschrift blätterte, hatte einen gewaltigen Kropf, der beinahe so groß war wie der Kopf darüber. Es musste die Zeitschrift hoch halten, denn mit dem Riesenkropf konnte das Tier den Kopf nicht senken. Jeder hier war durch eine Krankheit oder Verwundung entstellt und auf die Hilfe der Chirurgin angewiesen, um wieder ein normales Leben führen zu können.

Nach zwei Stunden wurde Alfons in das Behandlungszimmer gerufen. Frau Doktor Klug lächelte freundlich und bot ihm einen Platz an. Für einen Moment herrschte Stille, dann fragte ihn die Ärztin: „Um welches Leiden handelt es sich bei Ihnen? Ich finde, Sie sehen sehr gesund aus."

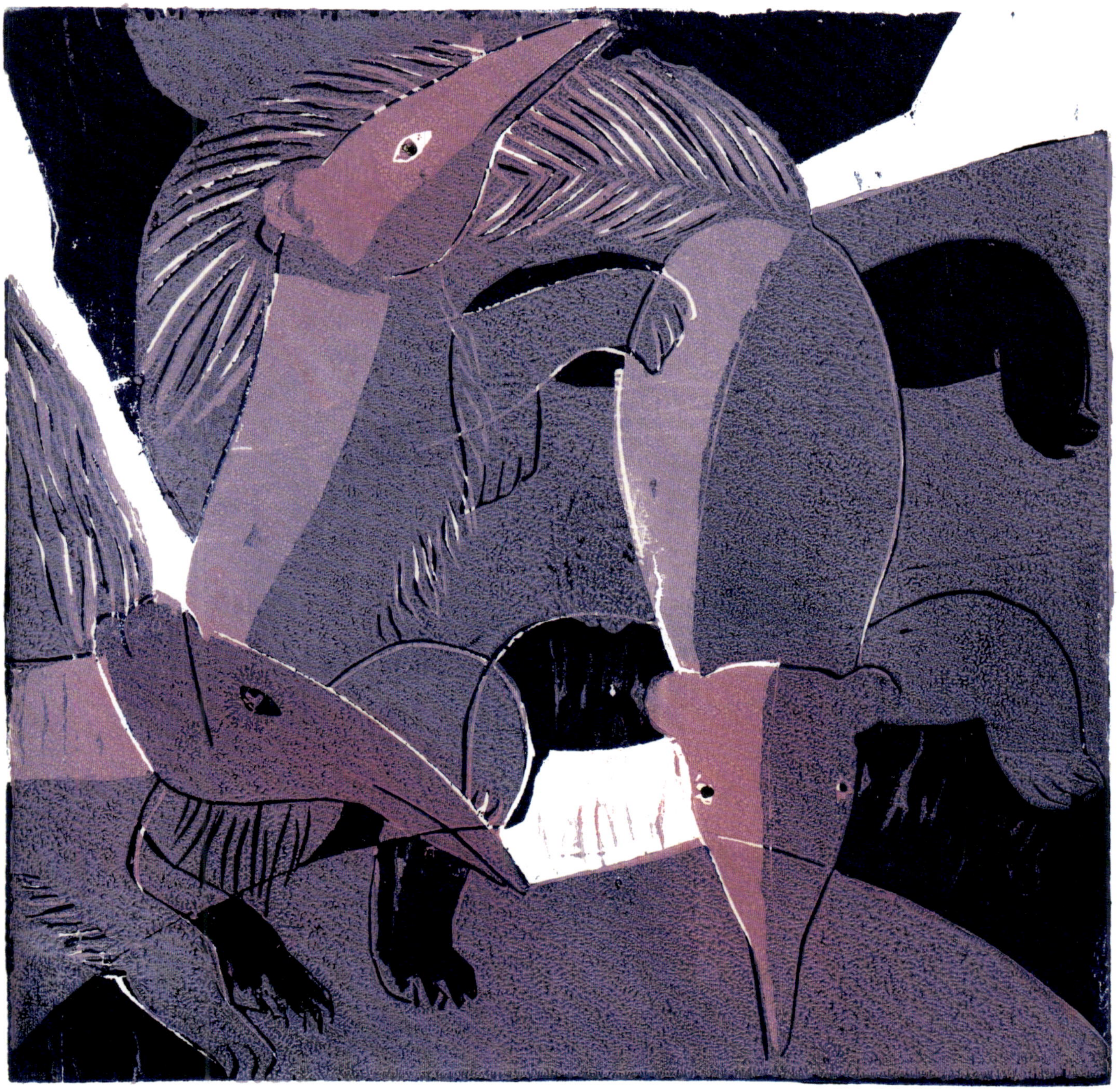

„Ich bin zu Ihnen gekommen, weil man über mein Aussehen lacht, vor allem über meine lange Schnauze. Könnten Sie durch eine Operation mein Aussehen verändern?"

„Ja, wie möchten Sie denn aussehen?", fragte die Ärztin.

„Auf keinen Fall so, wie ich jetzt aussehe. Vielleicht könnte man meine Schnauze verkürzen."

„Dann sind Sie aber nicht mehr wie bisher ein Original, sondern ein Kunstprodukt. Und vielleicht wird man dann über Sie sagen: ‚Das ist der, der mit sich nicht zufrieden war, er hat eine kürzere Schnauze, aber er ist jetzt kein richtiger Ameisenbär mehr.'"

„Aber ich bin so unglücklich, wenn man über mich lacht."

„Schauen Sie sich die leidenden Tiere draußen an", entgegnete Frau Doktor Klug. „Jene sind verletzt und wirklich krank. Mit den Patienten verglichen, sind Sie kerngesund, aber Sie sind mit sich nicht zufrieden und meinen, ein Eingriff durch einen plastischen Chirurgen könnte Ihnen das Glück bringen. Sie kommen zu mir, weil Sie ein anderer sein wollen, als Sie sind. Es tut mir leid, das kann ich nicht operieren. Sie müssen sich selber heilen."

Alfons verabschiedete sich von der Ärztin. Als er nochmals einen Blick in das Wartezimmer warf und die Tiere sah, die wirklich Hilfe brauchten, da schimpfte er mit sich: „Ich bin ein dummer Kerl." Die beiden hübschen freundlichen Schweinedamen mit den niedlichen Schweinerüsseln saßen immer noch an der Rezeption. Sie schienen mit ihrem Aussehen völlig zufrieden zu sein. „Sie können mich von der Patientenliste streichen", sagte Alfons, „ich glaube, ich bin auf dem Weg der Besserung. Ich kann mich jetzt selber wieder leiden."

Plötzlich sagte eine der jungen Schweinedamen: „Ich könnte, wenn ich dürfte, Ihre Schnauze knuddeln, sie ist so hübsch und passt zu Ihnen."

Da erwachte Alfons aus dem Schlaf. Er blickte um sich und hatte das Gefühl, neu geboren zu sein. Er wälzte sich auf dem Boden, hüpfte – wenn auch etwas unbeholfen – durch das Gehege, ließ seine lange Schnauze kreisen und versuchte sogar einen Schnauzenstand, so wie Menschen manchmal einen Kopfstand versuchen. Er fiel immer wieder um, aber das störte ihn nicht.

Als er eine Pause machte, um sich ein wenig auszuruhen, sah er, dass sich vor seinem Gehege eine Schar Menschen versammelt hatte, die alle sehr fröhlich waren und zu klatschen begannen. Dutzende von Handys wurden in die Höhe gereckt, um ihn zu fotografieren. Da nahm Alfons Haltung an und wirbelte mit seiner Schnauze den Menschen Grüße zu.

Goliath geht ins Exil

Eines Tages fuhren Maschinen einer Baufirma vor. Die Abbruchglocke, eine schwere Eisenkugel, die gegen die Kirchenmauer geschleudert wurde, läutete die letzte Stunde der Dorfkirche ein, die neu aufgebaut werden sollte. Für Goliath, den Kirchenmäuserich, der ein Leben lang in der alten Kirche gelebt hatte, brach im wahrsten Sinne des Wortes seine Welt zusammen. Er musste ins Exil. In der Nacht huschte er aus seiner Kirchenwohnung. Er stolperte über den Schutt, lief auf der umgerissenen Säule, die schräg auf einem Schutthaufen lag, hinauf bis zum Kapitell. Dort hielt er an, schaute noch einmal zurück und schlich dann ins nächste Haus.

Es war das Haus des Mesners, der auch Schreiner war. In seiner Werkstatt duftete es wunderbar nach Holz. Goliath suchte ein neues Zuhause, und die Schreinerwerkstatt schien ihm dafür nicht ungeeignet. Das Exil sollte vorübergehend sein. Er wollte in die Kirche zurückkehren, da eine Kirchenmaus nun einmal in eine Kirche gehört.

Über ein Jahr dauerte die Zeit der Verbannung. Ab und zu schaute er zum Fenster hinaus, um zu sehen, wie weit der Neubau fortgeschritten sei. Was da gebaut wurde, sah seiner Meinung nach nicht wie eine Kirche aus, sondern eher wie die Turnhalle in der Nähe. Der Kirchturm glich einem vergessenen Brückenpfeiler, die vier Glocken hingen im Freien.

Kinder würden eine Kirche anders malen: hoher spitzer Turm mit Zifferblatt, ein Kirchenschiff mit roten Ziegeln gedeckt und mächtigen Holztüren.

So müssten Kirchen aussehen, hatte Goliath gemeint. Er konnte nicht wissen, dass jede Zeit ihren eigenen Baustil entwickelt. Hier entstand jetzt eine Rundkirche, die Kirchenbänke waren um den Altar herum gruppiert, der in der Mitte stand.

Als Goliath feststellte, dass morgens regelmäßig um dieselbe Zeit Menschen das neue Gotteshaus betraten, wusste er, dass die Zeit seines Exils zu Ende war. Der Tag der Heimkehr war gekommen. Am späten Nachmittag schlich er in die Kirche, erfüllt von einer Art Fieber der Neugier. Abgesehen davon, dass die neue Kirche viel größer war als die alte, war sie auch ganz anders.

Die Fenster reichten von der Decke bis zum Boden. In der ganzen Kirche gab es nicht eine einzige Säule, da waren nur zwei Metallrohre, die die Orgelempore stützten. Den Holzboden, der so lecker nach Bohnerwachs gerochen hatte, gab es nicht mehr; Goliath rutschte bei jedem Schritt auf dem Fliesenboden mit den Hinterfüßen weg. Dieser neue Raum war erschreckend leer. Der schöne alte Altar war weg, die Seitenaltäre ebenfalls.

Die Wände waren nackter Beton. Der Christus am Kreuz war nur mit Phantasie als Mensch zu erkennen. Selbst die Glöckchen der Ministranten an den Stufen des Altares hatten einem unförmigen Gong und einem Holzhammer weichen müssen. Es gab in der Kirche keine Kanzel mehr, von der aus der Pfarrer predigte, nur noch eine Art Rednerpult mit Mikrofon links neben dem Altar. Ein Raum ohne Nischen und Schlupfwinkel. Ein furchtbarer Raum. Wo sollte Goliath sich hier eine Wohnung einrichten? Diese Kirche war unwohnlich. Stahlbeton ist der natürliche Feind der Mäuse.

Die Abendsonne, die durch die großen Fenster drang, wärmte in bunten Farben den Raum ein wenig. Wie aber würde es an Regentagen sein? Goliath blickte hinauf zur Decke des Raumes. Hingen früher schöne Lampen von der Decke herab, waren nun unattraktive Lichtquellen in die Decke eingelassen. Goliath überkam das Grauen, sein Fell sträubte sich, sein langer Schwanz peitschte den Boden. All seine Freunde hatte man weggeschafft: die Leuchter, die Weihwasserkessel, die Heiligen und die Engel.

Noch einmal sah sich Goliath alles an. Dann beschloss er, für immer auszuwandern. Zu dieser Kirche passte keine Kirchenmaus, die Zeit für Kirchenmäuse schien vorbei. Ohne sich noch einmal umzuwenden, verließ er das Gotteshaus.

Die folgende Nacht verbrachte er wieder in der Werkstatt des Mesners. Er konnte keinen Schlaf finden und überlegte hin und her. Dann fasste er einen Entschluss. In der Morgendämmerung verließ er die Werkstatt und huschte durchs Dorf, dem Dorfrand entgegen. Goliath wollte Feldmaus zu werden. Das freie Feld sollte seine neue Kirche sein.

Bald verliebte er sich in eine junge Feldmaus. Es war ihm nicht schwer gefallen, Kontakt zu finden, und Gretchen wurde seine Frau. Wenn er später

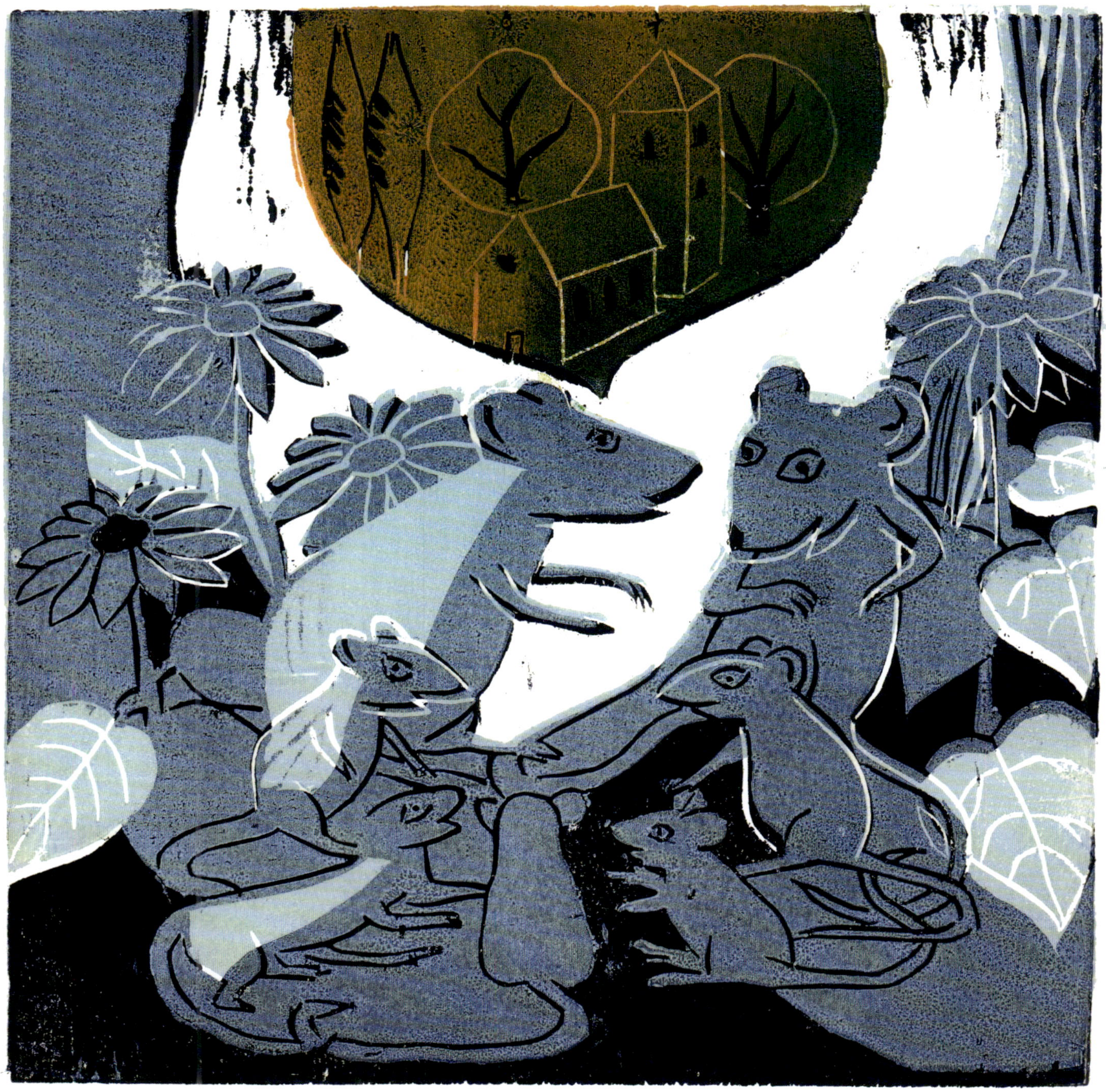

seinen Kindern Geschichten erzählte, waren es Geschichten aus seiner Zeit als Kirchenmaus. Natürlich war es schwer, den jungen Mäusen von etwas zu erzählen, zu dem sie keinerlei Beziehung hatten. Sie wussten nicht, was eine Kirche war, und sie konnten sich nicht vorstellen, dass das alles für ihren Vater früher so wichtig war. Sie kannten Steine und Moos, wurmerfüllte Ackerfurchen, süßes Fallobst und Getreidekörner auf abgeernteten Feldern.

Was Vater erzählte, klang wie ein Märchen. Das war ganz weit weg. Es war einmal. Holzgeschnitzte Menschen, die auf Sockeln standen und sich selbst dann nicht rührten, wenn man an ihren Fußzehen knabberte, das ging über die Vorstellungskraft der kleinen Mäuse. Sie hörten Vater gerne zu, er verstand es, spannend zu erzählen. Auch Goliaths Frau hatte bei den Erzählungen ihres Mannes dieses gewisse Zucken um das Schnäuzchen, das zeigte, dass sie ihren Mann sehr mochte, vor allem, wenn er Geschichten erzählte.

Goliath war ein anderer, wenn er erzählte. Es war, als sei er in diesen Momenten ganz weit weg. Dieses Leben musste es gegeben haben, dachte die Mäusemutter, solche Geschichten kann man nicht erfinden. Gerne hätte sie einmal Weihrauch geschnuppert. Sie stellte sich den Duft schöner vor als den Duft von Käse, der ihr manchmal an der Nase vorbeistrich, wenn der Bauer unter dem großen Baum am Rande des Weizenfeldes vesperte. Weihrauch musste viel schöner duften, er musste nach Himmel riechen. Auch die Musik der Orgel hätte sie gerne einmal gehört. Vater nannte die Orgel die Königin der Klänge. Gretchen und ihre Mäusekinder kannten das Singen der Vögel, das Zirpen der Grillen und das Rauschen der Bäume, doch der Klang der Orgel musste das alles um ein Vielfaches übertreffen.

Jedes Mal, wenn Goliath von seiner kleinen Wohnung im alten Beichtstuhl auf der rechten Seite erzählte, trat eine ganz kleine Träne in sein linkes Auge. Seine Wohnung hatte er sich mit Teilen von Sitzkissen ausgepolstert, hatte kleine Kerzenstummel gestapelt, die er so gerne kaute. „Die alte Kirche war eine wunderschöne Kirche, ein Himmel, lebendig und voller Gerüche. Die neue Kirche ist wie ein betonierter Acker, wie ein Bach, der in Zementrohre gezwängt wird."

Wie jener alte Römer seine Reden regelmäßig mit dem Wunsch nach der Zerstörung Karthagos beendete, beendete Goliath jede seine Erzählungen mit dem Satz: „Eine solche Kirche ist eine tote Kirche, dort kann man nicht wohnen." Dann streichelte Gretchen sanft die rechte Vorderpfote ihres Mannes. „Jetzt wohnst du bei mir, kein schlechter Tausch."

Wehrt euch endlich!

Sein richtiger Name war Konstantin, was auf Deutsch der Standhafte bedeutet. Die anderen Hasen nannten ihn den „Denker". Konstantin hatte ein körperliches Gebrechen, er lahmte auf dem linken Vorderfuß. Als er noch recht jung war, war er bei einer Treibjagd angeschossen worden und der Schuss hatte das Gelenk des linken Vorderfußes zertrümmert. Wenn ihn die anderen Hasen den „Denker" nannten, zeigten sie damit den Respekt, den sie vor ihm hatten, denn Konstantin war schon als junger Hase durch sein großes Wissen und seine Intelligenz aufgefallen. Doch Konstantin, der Denker, war nicht nur ein gescheiter Hase, er war auch lustig und ständig zu Streichen aufgelegt. Auch deshalb mochten ihn die, die ihn kannten.

Vor Jahren, beim Abschluss der Hasenschule, hatte er einige Preise erhalten, zum Beispiel in den Fächern „Gräser- und Rübenkunde" und „Geometrie für Hasenfüße", einem Fach, in dem die besten Methoden der Flucht vor Feinden gelehrt wurde. Auch im Fach „Tarnung" hatte er eine Auszeichnung erhalten. In der gesamten Hasenschar gab es übrigens keinen, der so schnell war im dreibeinigen Hoppeln wie er.

Eine seiner Lieblingsbeschäftigungen war das Lösen von Rätseln, ganz gleich, ob es Kreuzworträtsel, Silbenrätsel oder Sudokus waren. Rätsel lösen schult das Denken, sagte er. Er beteiligte sich auch an jedem Preisrätsel, allerdings war er erst zweimal bei den Gewinnern gewesen, obwohl seine Lösungen immer richtig gewesen waren.

Einmal war der Preis eine gezuckerte nordafrikanische Riesenmöhre, das andere Mal ein Buch mit dem Titel „Anleitung zur Selbstverteidigung". In diesem Buch wurde beschrieben, wie Hasen sich gegen andere Hasen, die aggressiv waren, verteidigen konnten, aber auch welche Möglichkeiten es gab, um sich gegen Raubvögel zu wehren und gegen Fleischfresser wie Füchse oder streunende Hunde.

Wie gesagt, die Verletzung Konstantins an der linken Vorderpfote rührte von einer Treibjagd her, bei der er angeschossen worden war. Seit damals hatte es viele weitere Treibjagden gegeben, denen er aber immer wieder glücklich entkommen war.

Wenn die Rufe „Hoho, Hoho" zu hören sind und mit Stöcken an Bäume geschlagen wird, sind das die Geräusche einer beginnenden Treibjagd. Die mit Stöcken bewaffneten Treiber erzeugen diese Geräusche, um die Tiere aufzuscheuchen, die Treiber gehen in einer langen Reihe nebeneinander durchs Gelände, um die Tiere in eine bestimmte Richtung zu treiben, und zwar in die Richtung, in der die Jäger mit dem Gewehr im Anschlag warten.

Was Konstantin an Treibjagden grundsätzlich störte, war neben der Gefahr, getroffen, also verletzt und getötet zu werden, die Tatsache, dass Bewaffnete gegen Wehrlose antreten. Die Menschen sind hochgerüstet, der Hase hat keinerlei Waffen. Der Hase kann nur fliehen, er kann nicht kämpfen, er ist von vorneherein unterlegen.

Nach jeder Treibjagd bietet sich dasselbe Bild: Da liegen die toten Hasen lang gestreckt nebeneinander. Sie wurden im wahrsten Sinne des Wortes zur Strecke gebracht. Da liegen sie in Reih und Glied, und jeder zehnte Hase liegt ein wenig versetzt, damit man besser zählen kann.

Konstantin entwickelte im Laufe der Jahre allerhand Pläne, wie man wenigstens eine Art Waffengleichheit herstellen könnte. An diesem Abend im Juli ging wieder einer der traurigen Tage im Leben seiner Hasengemeinschaft zu Ende, es war der Abend nach einer Treibjagd. Die Hasen waren zu einer Trauerfeier versammelt, jeder der Anwesenden hatte einen Freund, eine Freundin, einen Bekannten oder sogar einen Partner verloren. Stumm saßen die Hasen da und gedachten ihrer Verstorbenen. Plötzlich erhob sich eine Stimme, die alle kannten. Konstantin begann, zu den Häsinnen und Hasen zu reden:

„Liebe Freundinnen und Freunde! Ein wahrlich trauriger Tag. Viele, die uns nahe standen, sind tot. Es ist richtig, dass wir jetzt gemeinsam trauern. Doch wir sollten es nicht dabei belassen! Wir Hasen sind friedliebende Geschöpfe, wir lieben den Frieden mehr als alles andere, von uns ging noch nie ein Krieg aus.

Tote Jäger:
𝍩𝍩 II

Doch es gibt bei den Menschen ein Sprichwort, und dieses Sprichwort lautet: ‚Es kann der Frömmste nicht in Frieden leben, wenn es dem bösen Nachbarn nicht gefällt.' Deshalb rufe ich euch heute, an diesem Tag der Trauer zu: ‚Wehren wir uns endlich!' Wir müssen Hasengewehre entwickeln und bauen. Jeder Hase sollte ein solches Gewehr besitzen, zu dem er greifen kann, wenn wieder einmal eine Treibjagd stattfindet.

Man muss schon den kleinen Hasen beibringen, wie man eine Schützenmulde gräbt, in der sie den Gegner erwarten und überraschen können. Man muss das Anlegen von Schützengräben planen und üben. Wir brauchen kleine Helme und Tarnnetze, wir müssen einfach dafür sorgen, dass auch Tiere wie wir eine Chance haben und nicht wehrlos abgeschossen werden. Ein Schutzhelm für Hasen muss unserer langen Ohren wegen natürlich eine besondere Konstruktion sein.

Wir müssen schon kleine Hasen ausbilden, dass sie in Rudeln im Zickzack angreifen. Wir müssen andere Tiere in unseren Kampf einbinden. Ich denke dabei an kampferprobte mutige Raben und Möwen, die uns aus der Luft unterstützen, indem sie kleine, aber wirkungsvolle Granaten abwerfen.

Ich habe einen Traum, der in Zukunft hoffentlich in Erfüllung gehen wird: Wenn die Treibjagd zu Ende ist, stehen auf der einen Seite des Geländes die Jäger mit ihrer Strecke, also mit den erlegten Hasen, und die Hasen stehen auf der anderen Seite mit ihrer Strecke, wo ein erlegter Jäger neben dem anderen liegt, jeder zehnte ein wenig versetzt."

Für einen Moment schwieg Konstantin. Dann rief er laut: „Wehrt euch endlich!" Spontan klatschten ihm die anderen Hasen Beifall. Übrigens: Wenn Hasen klatschen, kann man das Klatschen nicht hören, sondern nur sehen, Hasenpfoten klatschen leise.

editionmartinbruder

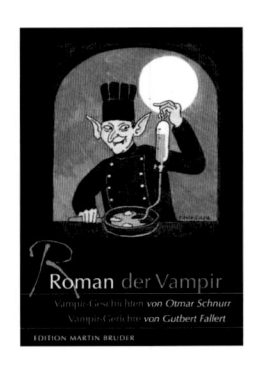

Roman, der Vampir

Vampir-Geschichten werden ergänzt durch Vampir-Gerichte aus der Sterneküche von Gutbert Fallert.

Festband mit Fadenheftung und Umschlag, 128 Seiten
Titelillustration von Tomi Ungerer
ISBN 978-3-00-029397-9 – 19,90 €

Germania Nova

Ein ziemlich schräger Blick auf Deutschland von links unten: leicht unsachlich, erkennbar ironisch, etwas altmodisch.

Festband mit Fadenheftung, 176 Seiten
Titelfoto von Peter Jülg
ISBN 978-3-00-034514-2 – 17,50 €

Ä fascht gonz normals Johr

Ein zweisprachiges Tagebuch, hochdeutsch und alemannisch, über ein Jahr aus dem Blickwinkel eines Achertälers.

Broschiert, 400 Seiten
ISBN 978-3-00-037456-2 – 17,90 €

Schritt für Schritt

Bei seinen Spaziergängen am Rhein ist der Autor alleine und frei in seinen Gedanken. „Schritt für Schritt" begibt er sich auf Erinnerungs- und Entdeckungsreisen und geht seinen langen Weg, der ihn immer näher zu sich selber führt.

Broschiert, 232 Seiten
ISBN 978-33-00-041131-1 – 17,50 €

Der doppelte Bruddler

Typische Erzählungen von „Nepomuk dem Bruddler" ergänzt durch „komprimierte Erfahrungen" in Gedichtform: Stoßseufzer eines Bruddlers. In alemannischer Sprache.

Broschiert, 160 Seiten
ISBN 978-33-00-042275-1 – 17,50 €